AF434073

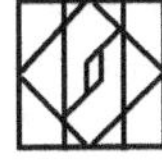

c o l e c c i ó n
VIAJE AL CENTRO DE LA CIENCIA

ADN
Editores, S.A. de C.V.

Colección dirigida por
Juan Tonda

Diseño: Arroyo + Cerda
Ilustración de portada y portadilla: María Luisa de Mateo Venturini
Ilustraciones interiores: Aline Darjo y Myriam Núñez

Primera edición, 2000
Primera reimpresión, 2006
Segunda reimpresión, 2021

© ADN Editores, S.A. de C.V.
Estrella del Sur 150, Col. Rancho Tetela,
62160 Cuernavaca, Morelos, México
juantonda54@gmail.com
Tel. (52) 5554006326

La primera edición se coeditó con la
Dirección General de Publicaciones del
Consejo Nacional para la Cultura y las Artes

ISBN 978-968-6849-37-0

Mario Méndez Acosta

Automedicación y medicinas alternativas

A Mario Bunge defensor de la ciencia y la razón.

Índice

Prólogo

Pocas personas en México —incluso se podría decir que en el mundo desarrollado— poseen tanta clarividencia y capacidad crítica como el ingeniero Mario Méndez Acosta, quien ha sido un destacado impulsor y defensor de la ciencia desde hace casi un cuarto de siglo.

El presente libro, en el que se sintetizan varias décadas de lecturas profundas, es un verdadero deleite para la inteligencia. En él, Méndez Acosta explica la ingenua credulidad del enfermo que, desprotegido, desesperado, busca "curaciones milagrosas"; asimismo desenmascara a los perniciosos y gansgteriles charlatanes de la salud, que explotan a sus víctimas a mansalva. En sus atractivas páginas, encontramos casos insólitos que muestran hasta dónde pueden llegar los desvaríos curativos en la oferta y la demanda en los albores del tercer milenio.

Podría considerarse éste como un manual contra el oleaje desregulado y desinformativo de "medicinas alternativas" sin sustento científico, que han invadido al planeta.

Méndez Acosta, quien además es un polemista nato, desmonta con facilidad todos los trucajes seudocientíficos y "desface los entuertos", basado en su profundo conocimiento del método científico que le permite lanzar una cruzada múltiple contra toda una industria floreciente que maneja poderosos intereses bursátiles, desde la homeopatía y la orinoterapia, hasta la citoterapia.

Entre su armamento, el autor cuenta con un sarcasmo demoledor que revela los desmanes de los chamanes modernos o las supercherías "ayurvédicas" de "negociantes indostanos" que se incrustan en las mentes vulnerables por medio de rituales religiosos —muy respetables en sí mismos, pero no en esas mezclas híbridas con otros rituales pecuniarios y epicúreos.

Es sin duda un gran acierto del autor haber abordado "el efecto placebo", la sugestión autocurativa de los enfermos, que explica un mínimo de 30% de los éxitos de cualquier terapia, por descabellada que sea, y bajo cuyo velo se resguardan las "medicinas alternativas", que hacen suyos publicitariamente los éxitos de la sugestión, pero que ocultan ese 70% de fracasos, no pocas veces letales.

También habría que preguntarse si la misma medicina formal, hipermaterializada y deshumanizada, no ha contribuido a minar la confianza de los pacientes en ella, lo cual podría explicar la eclosión de las "medicinas alternativas".

Una frase que me perturbó, aunque quizá no comparta plenamente, es la siguiente: "la ciencia ha ayudado a la salud, pero no existe una actitud favorable para la ciencia en la sociedad. De aquí surge el peligro de que la actitud científica se pierda y volvamos a caer en una nueva Edad Media". En igualdad de condiciones, *ceteris paribus*, las "medicinas alternativas" no pueden competir con la ciencia médica, que si bien tiene sus propias limitaciones y deficiencias, no solamente aporta las más óptimas soluciones terapéuticas comprobables, sino que también ha logrado penetrar hasta la más profunda intimidad del ADN por medio del descubrimiento prodigioso del genoma humano. Son justamente trabajos como éste que realiza Mario Méndez Acosta, los que permiten descubrir el engaño de las "medicinas alternativas" y posicionar de manera inmejorable a las ciencias en general, y a la ciencia médica en particular.

Alfredo Jalife-Rahme
Neuroendocrinólogo

Los fármacos

La automedicación individual lleva a un uso irracional y descontrolado de los fármacos, con el consecuente aumento de las intoxicaciones.

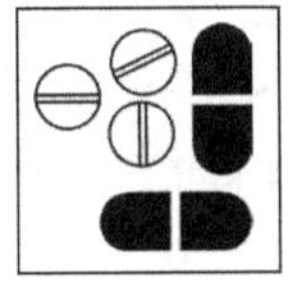

Un fármaco o medicamento es una sustancia química que reacciona con los componentes orgánicos —membranas, enzimas, mensajeros químicos—; por su estructura molecular, es capaz de producir alguna modificación funcional en el organismo y, en consecuencia, puede tanto beneficiarlo como perjudicarlo. Las condiciones específicas en las que se utiliza el medicamento son las que determinan que el efecto sea curativo o perjudicial.

Hasta 1939 la mayoría de los fármacos eran de origen vegetal, moderados en su efecto y, por lo tanto, en su posible toxicidad. La farmacología actual, que se basa casi exclusivamente en compuestos químicos sintetizados, tiene efectos mucho más acentuados y la capacidad de alterar a fondo los más básicos e importantes mecanismos bioquímicos y fisiológicos del organismo. Ello acarrea una multiplicación de los efectos indeseables y en parte ha originado una nueva rama de la patología: la de las enfermedades iatrogénicas.

Todo medicamento, cualquiera que sea su acción en el organismo, deberá considerarse peligroso. El desarrollo de las pruebas farma-cológicas y toxicológicas de cada fármaco, aunque permiten al médico controlar y reducir los efectos secundarios nocivos, no eliminan del todo el riesgo de que se presenten algunos efectos no detectados que ya no se pueden atribuir a las propiedades intrínsecas del fármaco, sino a diferencias de tolerancia y capacidad de absorción de cada paciente. En ello reside una de las peores consecuencias de la automedicación, ya que ésta impide evaluar correctamente los riesgos y beneficios del uso de algún fármaco; evaluación que sólo el buen médico, un auténtico facultativo y no un charlatán con o sin título, está en posibilidad de realizar.

Los medicamentos se vuelven muy peligrosos cuando no se guardan en forma oportuna y adecuada, y sobre todo cuando se dejan al alcance de los niños. No hay que olvidar que el fármaco lleva a cabo su actividad benéfica si, y sólo si, se usa en las cantidades prescritas por el médico para combatir una enfermedad específica. De no ser así, se convierte en un veneno potencial, y ello es cierto hasta para los medicamentos más comunes, como los anticonceptivos orales, el jarabe contra la tos, los analgésicos, los somníferos, los reconstituyentes y los laxantes o purgantes. Hay que tener presente que el fármaco es siempre algo individual y personal, y que aun ante síntomas iguales puede ser eficaz en un cierto caso y dañino en otro.

Así pues, el principal motivo por el que un medicamento puede hacerse nocivo es su uso innecesario, ya que en este caso modificará el equilibrio del organismo, dando lugar a una situación patológica. La consigna de seguir al pie de la letra las instrucciones del médico está dirigida en especial a los que tienen la costumbre aberrante de autorrecetarse varios fármacos ante la menor posibilidad de contraer alguna enfermedad, y a los que siguen la extendida creencia popular de que si cierta dosis de una medicina es buena, el *doble* de esa dosis debe ser dos veces buena: un mito que ha causado muy graves y trágicos accidentes que pudieron evitarse. La prescripción preventiva de medicamentos debe ser una actividad exclusiva del médico.

Otro factor que convierte a un medicamento en algo muy peligroso es la ignorancia sobre la interacción de los diversos fármacos dentro del organismo, las dosis correctas, las vías de administración adecuadas y las contraindicaciones de cada medicamento. A esto se unen los errores de prescripción y la publicidad desmesurada de los medicamentos que le llegan al consumidor profano.

En general, es muy peligroso cualquier tratamiento, propuesto y aplicado por una persona que carezca de una formación médica científica, o bien que crea en alguna forma de pensamiento mágico terapéutico. La automedicación individual lleva a un uso irracional y descontrolado de los fármacos, con el consecuente aumento de las intoxicaciones. Ello se debe sobre todo a que la automedicación ocurre principalmente con medicamentos que eliminan los síntomas molestos, y que con ello están disfrazando las señales de alarma que emite el organismo en presencia de enfermedades muy graves: una serie de signos que sólo un médico competente puede interpretar con precisión.

Entre los fármacos que la gente se autorreceta con más frecuencia están los sedantes, los ansiolíticos —tranquilizantes—, los digestivos, los laxantes, los antirreumáticos con acción analgésica y antipirética, los excitantes, las sulfamidas y otros antibióticos, los reconstituyentes así como varios fármacos dermatológicos.

Al contrario de lo que ocurre al experimentar con animales de laboratorio, en el caso del ser humano se hace imposible prever la respuesta del individuo al fármaco. Ello depende de todo un conjunto de factores: raza, edad, sexo, estado de salud y conformación genética, y, en general, todas las variaciones fisiológicas de cada individuo, las que tiene que evaluar el facultativo.

La automedicación arruina toda posibilidad de que se aplique la dosificación y el modo de empleo más adecuado de cada medicamento. Para que un fármaco sea eficaz debe alcanzar la concentración indicada en los receptores específicos, algo que se puede comprobar en los perfiles hemáticos. Hay gran número de factores que determinan la concentración necesaria de los medicamentos y el manejo coordinado y simultáneo de varios de ellos en el mismo paciente. Los factores más significativos tienen que ver con la eficiencia metabólica del hígado, la función de los riñones y la constitución genética.

Son básicos también los modos —vías— y los tiempos de administración del medicamento; ambos regulan la cantidad de absorción. La dosis dependerá, por un lado, de la respuesta que se desea obtener, es decir, si se desea una acción a corto, mediano o largo plazo, y, por otro lado, de la intensidad del estado patológico que hay que corregir. Todo ello muestra lo peligrosa que es la automedicación, y también permite comprobar cómo las llamadas medicinas alternativas (que se describirán más adelante), al no cumplir ni remotamente con esta serie de condiciones, no tienen ningún efecto real sobre las enfermedades.

Las reacciones imprevisibles de los fármacos son muy diversas, y se materializan de formas inesperadas, muchas veces al inicio de un tratamiento improvisado. Entre ellas están: alergias inmediatas, como ataques de asma, urticaria y shock anafiláctico, el cual puede ser mortal; alergias retardadas —al suero, al colágeno—, hepatopatías, dermatitis, enfermedades de la sangre; lesiones directas e indirectas a órganos como el riñón, el hígado, el corazón, los vasos, el aparato respiratorio, el sistema nervioso central o periférico, el esqueleto, los órganos de los sentidos, la piel y las mucosas, y el sistema endocrino; finalmente, alteraciones funcionales, como desequilibrios hidroelectrolíticos, alteraciones de la dinámica metabólica y varios más.

Lo más preocupante es que las reacciones imprevisibles de un fármaco no siempre son consecuencia de su uso continuado. Así, para desencadenar una reacción alérgica, puede ser suficiente una dosis mínima, como ocurre en los casos que desembocan en el shock anafiláctico. Para algunas reacciones adversas en la sangre, a veces muy graves, basta con la administración de una sola dosis del fármaco. Otras lesiones de órganos y aparatos sólo se hacen evidentes después de tratamientos prolongados.

2

Medidas contra el uso indebido de fármacos

*En las dosis e intervalos prescritos y, sobre todo,
durante el tiempo indicado.*

Es necesario almacenar siempre los medicamentos en sus envases originales a una temperatura ambiente razonablemente fresca, no expuestos a la luz del Sol, y fuera del alcance de los niños. Hay que evitar almacenarlos en el baño o en la guantera del automóvil, en donde son frecuentes la humedad excesiva y el calor, los cuales pueden deteriorarlos.

Jamás deberán mezclarse medicamentos distintos en un mismo envase, ni se removerán de su envase original. Tampoco se deberá quitar la etiqueta del envase. Es muy peligroso confiar en la memoria para identificar a un medicamento por su apariencia, lo mismo que tratar de recordar las instrucciones específicas para su uso.

Es conveniente aprenderse tanto el nombre de patente como el genérico de cualquier medicamento que se esté tomando. Hay que asegurarse de informar a los médicos, dentistas, cirujanos y otros profesionales de la salud, qué fármacos se están tomando con regularidad. Antes de recibir cualquier medicamento, el paciente deberá indicar a su médico, enfermera o farmacéutico acerca de reacciones extraordinarias que haya padecido en el pasado, y acerca de sus alergias a alimentos y otras sustancias, lo mismo si en semanas anteriores inmediatas ha consumido otros medicamentos, incluyendo los no recetados.

Los medicamentos siempre deben tomarse exactamente como se receten, en las dosis e intervalos prescritos y, sobre todo, durante el tiempo indicado.

Siempre se leerá la etiqueta antes de ingerir cualquier medicamento. Cuando se emplea un fármaco en forma ocasional, o por tiempo prolongado, debe comprobarse si existe fecha de caducidad en el envase, y si ésta no ha vencido. Hay que desechar cualquier medicamento vencido o que ya no se necesite.

No se deberá cambiar de marca de patente de medicamentos que requieren uso prolongado sin autorización del médico.

Si el paciente sospecha que él u otra persona han ingerido una sobredosis, deberá llamar de inmediato al médico, al centro de control de envenenamientos de su localidad o al farmacéutico. Es conveniente tener en el botiquín casero jarabe de ipecacuana, para inducir el vómito, pero sólo debe tomarse si algún profesional de la salud lo recomienda.

Vitaminas sin sentido

Las vitaminas no son más que un componente de una dieta bien balanceada, y sólo las requerimos en cantidades relativamente pequeñas para garantizar una buena salud.

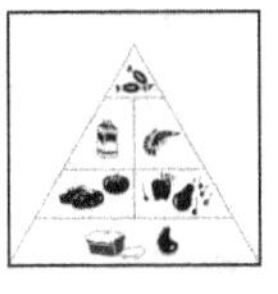

Muchas personas creen equivocadamente que los beneficios fisiológicos que se obtienen de algunos nutrientes dependen de la cantidad que de ellos se ingiera. Esta creencia es muy peligrosa, y está muy extendida en el caso de las vitaminas. El vocablo vitamina proviene de *vita* —vida— y *amino* —derivado de amoniaco—, y da la idea de que se trata de sustancias que dan vida y que se requieren para que el organismo funcione correctamente.

En realidad, las vitaminas no son más que un componente de lo que es una dieta bien balanceada, y sólo las requerimos en cantidades relativamente pequeñas para garantizar una buena salud. Una serie de comités de expertos de la Organización Mundial de la Salud (OMS), y de la FAO (Food and Agriculture Organization), ambas de la ONU, han determinado nuestros requerimientos reales de cada vitamina, y ninguna persona sana necesita ingerir más de lo indicado.

En esencia, sólo hay seis maneras de caer en una deficiencia vitamínica: por insuficiente ingesta, absorción o utilización de las vitaminas, o bien por exceso de destrucción, excreción o necesidad funcional de las mismas. Todo lo cual implica un cierto nivel de desequilibrio físico, o en los casos de ingesta insuficiente, un problema de ignorancia, de pobreza extrema o de deficiencia intelectual. Aunque ninguna de estas condiciones afecta en exceso a la mayoría de los habitantes del mundo occidental, el consumo de complementos vitamínicos se ha convertido en una costumbre muy común y hasta de moda. Todos hablan de las maravillas de las vitaminas "naturales", y más recientemente, de las llamadas "megavitaminas".

El tratamiento megavitamínico prescribe tomar las distintas vitaminas en forma masiva, y en cantidades muy por encima de las recomendadas, con el supuesto fin de prevenir o hacerle frente a enfermedades mentales y fisiológicas. En vista de que los complementos vitamínicos son considerados alimentos y no medicinas, su venta no requiere receta médica, lo que facilita que muchas personas empiecen tratamientos megavitamínicos sin la vigilancia profesional adecuada.

En psiquiatría, los tratamientos megavitamínicos han alcanzado gran popularidad por la creencia de que existe una relación entre las enfermedades mentales, sobre todo la esquizofrenia, y la deficiencia de ciertos nutrientes, en especial las vitaminas. La Asociación Americana de Psiquiatría, después de una amplia verificación de las pruebas clínicas y experimentales, ha llegado a la conclusión de que dicha terapia carece de todo fundamento teórico y de que los efectos curativos que se esperaban simplemente nunca se materializan.

Existen datos amplios acerca de la toxicidad aguda de algunas de las vitaminas liposolubles, pero apenas hay información sobre los efectos a largo plazo del consumo excesivo de vitaminas hidrosolubles. A causa de su estructura química y de sus funciones como enzimas y antioxidantes, no es descabellado esperar que algunos de esos efectos sean dañinos para la salud humana. Lamentablemente, muchos consumidores incautos están tomando parte, sin saberlo, en un experimento sobre los efectos a largo plazo de las megavitaminas. Los datos iniciales indican que esto implica un error trágico. Mientras no se tenga información irrebatible sobre auténticos efectos positivos de la megadosificación, es mejor limitar el consumo de vitaminas conforme a los datos que se conocen.

4

El efecto placebo

Actualmente se entiende por placebo cualquier sustancia, acción o procedimiento sin efectos sobre la enfermedad.

El colombiano Antonio Vélez M., investigador crítico de las seudociencias médicas, señala en su libro *Medicinas alternativas,*[1] cómo algunos psicólogos sociales han documentado el increíble poder del efecto placebo. Como se informa en el periódico *El Tiempo,*[2] se ha comprobado que algunos deportistas mejoran sensiblemente su

1. Planeta Colombiana, 1997.
2. Bogotá, 4 de diciembre de 1994.

desempeño por el mero hecho de creer que han sido dopados. Respecto a la salud, la medicina científica conoce un fenómeno de características similares, aunque poco estudiado y a veces mal entendido, al cual denomina "efecto placebo". Siempre que se prueba algún nuevo medicamento es obligatorio, con el doble fin de conocer su eficacia real y eliminar a los fármacos que sean ineficaces, contrastarlo con una sustancia neutra, que se administra también a algunos de los sujetos del experimento. Se ha encontrado así, sin buscarlo directamente, que un porcentaje nada despreciable de los sujetos que reciben la sustancia inocua e inactiva manifiestan alguna o bastante mejoría.

En la Edad Media se llamaba a misa de difuntos con las palabras *Placebo Domino in regione vivorum* (complaceré al Señor en el reino de los vivos). La palabra *placebo* se empezó así a usar como sinónimo de *hipócrita*, ya que esta frase latina era entonada por plañideros profesionales, contratados por los deudos de algún difunto. Los médicos del siglo XIX, una vez agotados los recursos de la farmacología disponible, empleaban medicamentos que, aunque inertes, eran capaces de proporcionarle un consuelo al enfermo... o lo que es lo mismo, usaban los placebos con el fin de complacer al paciente. Actualmente, por *placebo* se entiende cualquier sustancia, acción o procedimiento sin efectos sobre la enfermedad que se intenta tratar, pero que se administra haciéndole creer al paciente que es un remedio específico para la misma. Se trata de una medicina simbólica o, dicho más crudamente, el placebo viene a ser una mentira terapéutica que para algunos pacientes se puede convertir en una curación auténtica. Al respecto dice Carl Sagan:[3] "Dentro de límites estrictos, la esperanza, al parecer, puede transformarse en bioquímica".

El efecto placebo es un complejo efecto psicofisiológico en el que el cerebro parece simular con increíble fidelidad una realidad imaginada. En efecto, cuando al paciente se le suministra un placebo, su cerebro, de una forma aún no comprendida, activa aquellos sistemas fisiológicos de curación que posee el propio organismo y que son efectivos contra la dolencia; en otros casos se limita a acelerar el funcionamiento de dichos mecanismos autocurativos y, finalmente, hay ocasiones en que lo único que hace es bloquear o reducir las reacciones dolorosas. Por eso, el placebo actúa a veces como si fuese el medicamento indicado para el malestar que se sufre, un perfecto comodín terapéutico o medicamento virtual.

El efecto placebo funciona en un nivel inconsciente. Ahí, el cerebro imagina una realidad virtual y cumple una simulación completa con todos los sistemas de control fisiológico que comanda. Se trata de un fenómeno insólito, en el cual el protagonista principal es el cerebro

---

3. *El mundo y sus demonios*, Planeta, 1996.

Theophrastus Bombastus von Hohenheim, Paracelso.

del paciente, y sus auxiliares son todos los sistemas fisiológicos del organismo. En otras palabras, el cerebro, en condiciones adecuadas, se convierte en un poderoso instrumento de curación, capaz de responder selectivamente a diversos simbolismos terapéuticos. El verdadero misterio es por qué no se activan siempre esos mecanismos autocurativos con la mera conciencia de estar enfermo. Paracelso, en el siglo XVI, conocía este hecho: "La voluntad es un poderoso ayudante de la medicina". En 1955, H. K. Beecher publicó un artículo titulado *"El poderoso placebo"*, que según algunos fue lo que dio lugar al llamado "experimento doble ciego". En 26 estudios que realizó, Beecher llegó a la conclusión de que la eficacia del placebo tenía un valor cercano al 32.6%,[4] es decir que sus efectos se manifiestan en un tercio de la población. Según John Dodes, odontólogo estadounidense, en condiciones de gran expectativa, ese porcentaje se rebasa en forma notable.[5] El experimento doble ciego es aquel en el que se pone a prueba la efectividad de un nuevo fármaco, administrándoselo a un grupo de pacientes, mientras que a otro grupo similar de personas, que padecen el mismo mal, sólo se les proporciona un placebo. El experimento se hace de tal forma que ni los pacientes ni los experimentadores saben en ese momento a qué grupo se le proporcionó cada uno de los tratamientos; esto con el objeto de que no puedan transmitir consciente o inconscientemente esa información a los pacientes. El efecto curativo real de cualquier medicamento debe resultar muy superior al que produce el placebo por sugestión. Pero la significativa eficacia del placebo significa que cualquier charlatán, medicina alternativa anticientífica, tratamiento mágico, o propuesta demencial que se le ocurra a cualquier persona, tendrá garantizado un buen número de éxitos, sin importar qué suceda. Es necesario que las autoridades de salud sepan distinguir aquello que sólo funciona por el efecto placebo, de los medicamentos reales que sí inciden en las causas auténticas de cada enfermedad, evitando al máximo que esas propuestas terapéuticas alternativas provoquen otro tipo de daños al organismo, o que los charlatanes desfalquen a los pacientes, cobrándoles en forma excesiva por tratamientos que muchas veces no consisten más que en darles agua u otra sustancia ordinaria.

4. H. K. Beecher, "Placebo analgesia in human volunteers", *JAMA*, 1955, p. 159.
5. John Dodes, "The mysterious placebo", *Skeptical Inquirer*, vol. 21, núm. 1, Amherst, Nueva York, 1997.

Falacias en torno a la medicina

No todo el mundo que se expone al virus de la influenza o gripe desarrolla la enfermedad; por lo tanto, la exposición al virus no es en sí una causa suficiente, pero sí es una causa necesaria.

La mayor parte del comportamiento irracional de las personas en torno a su salud y a los tratamientos que deciden seguir se debe a una serie de falacias en torno a la ciencia médica. Los autores y médicos Peter Skrabanek y James McCormick, catedráticos de salud comunitaria en la Trinity College de la Universidad de Dublín, han elaborado una relación de las falacias más importantes.

Falacia de la asociación causal

La primera es la de confundir la asociación con la causalidad. Lo que nos distingue de los animales es que nosotros requerimos explicaciones. Desde tiempo inmemorial, doctores y curanderos han tenido éxito porque ni ellos ni sus pacientes han podido distinguir entre la mera asociación de dos fenómenos y la relación causa-efecto que puede haber entre ellos. El sangrado y las purgas, la extracción dental total —para eliminar "focos tóxicos"— y la polifarmacia irracional mantienen sus equivalentes modernos porque ni los médicos ni los pacientes pueden distinguir siempre la simple asociación de la causalidad. Como resultado de no poder hacer esta distinción, el aprendizaje a partir de la experiencia ha conducido a cometer los mismos errores, cada vez con mayor confianza. Los expertos en lógica llaman a esta falacia *post hoc, ergo propter hoc*. "Estuve enfermo... ahora estoy sano, por lo tanto, ¡el tratamiento que seguí es la causa de mi recuperación!"

Si hay alguna relación entre dos fenómenos A y B, ésta puede ser de cuatro tipos:

1. A causa B (causa)
2. B causa A (consecuencia)
3. A y B comparten una causa común C (correlación colateral)
4. A y B están asociados por casualidad (coincidencia)

Por nuestra necesidad de comprender, de explicar y de tratar una enfermedad, la tentación de asignar causalidad a la asociación es imperiosa y difícil de resistir... y es el motivo más importante del error en medicina.

Sólo puede ser causal una asociación cuando ocurre con regularidad, como en el caso del humo y el fuego, o la cópula y el embarazo. Sin embargo, ello no siempre se sigue de las premisas propuestas: ¿es acaso la vida lo que causa la muerte, sólo porque la precede? ¿Es acaso la noche la causa del día, o el día la causa de la noche? ¿Es acaso razonable pensar que los conejos causan a los perros, dado que los conejos son perseguidos por los perros?

En rigor, nunca será posible probar fehacientemente la causalidad por la mera asociación detectada entre los hechos; no importa qué tan perfecta pudiera parecer dicha asociación. En algunas zonas de Europa, las tasas de natalidad varían en la misma medida que la población de cigüeñas. En Dublín, la densidad de antenas de televisión se asociaba directamente con la tasa de nacimientos, y con la mortalidad infantil, pero no porque la televisión fuese letal para los niños, sino porque la alta densidad de antenas refleja la existencia de malas condiciones de vivienda, sobrepoblación y pobreza. En el periodo inmediatamente posterior a la segunda Guerra Mundial, se presentó una correlación entre la venta de medias de nylon y la mortalidad por cáncer pulmonar. Una correlación, si es viable biológicamente, puede sugerir una liga causal, pero la prueba efectiva sólo se logra a través de la experimentación.

La falacia unidireccional

La sensación de frío a veces precede a una enfermedad febril; pero, al contrario de lo que se cree, sentarse en una banca fría, caminar con los calcetines mojados o salir a la calle con el cabello mojado no son la causa del escalofrío o de la fiebre. La sensación de escalofrío viene a ser el primer síntoma de una fiebre causada por una enfermedad infecciosa en ciernes.

Se ha descrito una supuesta asociación entre el paracetamol —más conocido como *Panadol* o *Tylenol*— y la aparición de úlceras en el duodeno. Se sabe que muchos fármacos muy usados contra el dolor, como la aspirina, tienden a agravar los síntomas de tales úlceras. Hay evidencia razonable para concluir que el paracetamol también tiene ese efecto. Sin embargo, existe la creencia popular de que quienes tienen úlceras deben evitar la aspirina, y tomar en su lugar el paracetamol. El consumo de este fármaco, que sí puede dañar la mucosa estomacal, se convierte así en una consecuencia de padecer la úlcera, en vez de su causa.

Si el síndrome de abstinencia sigue a un periodo de uso habitual de alguna droga se tiende a pensar que no es la droga, sino la falta de la misma la que lo ocasiona. El ejemplo parece trivial sólo porque ahora ya entendemos bien la causa de ese síndrome. En el caso de un coma diabético sufrido por un paciente que habitualmente toma insulina, podría ser un error fatal asumir que, dado que la falta de insulina causa dicho coma, el tratamiento adecuado sería proporcionarle insulina. El coma diabético se puede deber a una deficiencia pero también a un ex-ceso de insulina, y, puesto que estos dos estados son difíciles de dis-tinguir a primera vista, la mejor forma de administrarle primeros au-xilios a un paciente diabético es proporcionarle azúcar, ya que es más fácil remediar un exceso de azúcar que uno de insulina.

La falacia de la correlación colateral o indirecta

En virtud de que el cáncer cérvico-uterino es más común en las personas pobres, no debe sorprendernos que un cierto epidemiólogo haya encontrado una correlación significativa entre este tipo de cáncer y la costumbre de realizar la primera unión sexual en el suelo, en lugar de en una cama. Esto suena absurdo para cualquiera que conozca de infectología o de fisiología humana; pero, por ejemplo, en un debate reciente, ocurrido en los organismos de planificación familiar de Irlanda, se aseguró que repartir condones y anticonceptivos gratis causaría un aumento de la promiscuidad y de enfermedades venéreas. Tal creencia, que comparten muchos grupos pro Vida en todo el mundo está basada en una típica asociación indirecta. En algunos países se ha establecido una asociación entre la disponibilidad abierta de anticonceptivos y una actitud liberal en el ámbito sexual, pero la creciente exigencia pública de que haya esa disponibilidad de anticonceptivos y los cambios en el comportamiento sexual de las nuevas generaciones pueden ser más bien el resultado de una evolución en los valores e intereses sexuales de la sociedad.

Causas necesarias y suficientes

Aun si la correlación entre A y B fuera causal, no se sigue que cada caso de A será seguido por B. En otras palabras, una causa necesaria no es siempre una causa suficiente. No todo el mundo que se ve expuesto al virus de la influenza o gripe epidémica desarrolla la enfermedad, por lo tanto, la exposición al virus no es en sí una causa suficiente, pero sí es una causa necesaria para que la enfermedad ataque a un individuo.

No todos los fumadores mueren de cáncer pulmonar, y no todos los que mueren de cáncer pulmonar fueron fumadores, por lo que fumar no viene a ser una causa ni necesaria ni suficiente para que una persona sufra cáncer pulmonar. (Este hecho, que es reconocido intuitivamente por muchas personas, es ocasión de que se abandonen en forma insensata precauciones elementales en el uso personal del tabaco. Existe suficiente evidencia estadística que demuestra que fumar es la principal causa del cáncer pulmonar. Es un riesgo indiscutible, y una de cada tres personas que fuman habitualmente morirá, tarde o temprano, por causa de ese hábito. No se justifica seguir fumando con el argumento de que hay ejemplos de fumadores de larga trayectoria que no murieron de ninguna enfermedad ocasionada por el tabaco. La mejor respuesta a este argumento tiene que ver con el de la obligación de ir a la guerra: no todos los soldados que van a la guerra mueren; pero, definitivamente, es más seguro ¡no ir a la guerra!)

Uno de los postulados de Koch que necesita cumplirse para poder establecer la causa de una enfermedad infecciosa es que un cultivo puro de laboratorio del organismo, administrado a un hombre o animal de laboratorio, debe siempre provocar la enfermedad. Este requerimiento, aparentemente razonable, no distingue entre causa necesaria y suficiente. El hecho de que la ingestión del *Vibrio cholerae* no representa causa suficiente para contraer el cólera fue demostrado de manera dramática por el alemán Max von Pettenkoffer, un higienista y epidemiologista pionero, quien en 1892, a la vista de un público asombrado, se tragó un mililitro de un cultivo fresco del germen, obtenido de las muestras fecales de un paciente que moría de cólera, y no sufrió ningún efecto, lo que provocó el desconcierto de los kochianos. Pettenkoffer no negaba que el fuera una causa necesaria del cólera, pero le interesaba probar que no era una causa suficiente... Aunque bien podría haber estado expresando un deseo incipiente de muerte, ya que nueve años más tarde, al cumplir ochenta y siete años, se voló la tapa de los sesos con una escopeta.

Para resolver la dificultad introducida por Pettenkoffer, los postulados de Koch fueron modificados con la condición "en sujetos susceptibles". Esta maniobra de salvamento tuvo consecuencias lógicas imprevisibles al convertir los postulados en una tautología, ya que la "susceptibilidad" depende de la presencia de la enfermedad, y la "no susceptibilidad", de su ausencia, por lo que se concluye: "un organismo causa una enfermedad... ¡excepto cuando no la causa!".

Falacia de la correlación no causal en el tiempo

Entre las asociaciones falaces más comunes que ocurren en la epidemiología están las que dependen de una correlación en el tiempo. Cualesquiera dos variables independientes que cambien linealmente en el tiempo mostrarían una correlación perfecta. Un ejemplo sería el precio de la cerveza y los salarios de los sacerdotes en Chicago.

También, el número de pacientes psiquiátricos ha sido comparado con el número de personas en prisión en Inglaterra y Gales entre 1950 y 1985. Estos dos fenómenos mostraron una fuerte correlación negativa, es decir que mientras el número de pacientes recluidos disminuía, el de prisioneros iba en aumento. Aunque los investigadores aceptaron que tal asociación no necesariamente implica una relación causal, no pudieron resistir llegar a la conclusión de que había en esto buenas razones para dudar del éxito de las políticas comunales, las que revelan la creciente reticencia de los psiquiatras a aceptar delincuentes que pudieran tener un desarreglo grave de la mente.

Una correlación, aunque sea perfecta, no justifica inferencias causales cuando resulta de comparar dos tendencias a lo largo del tiempo. Un investigador obtuvo una ecuación que le permitía predecir las tasas de cáncer pulmonar en Australia a partir del consumo de gasolina entre 1939 y 1981, con lo que concluía que el uso de gasolina en motores de combustión interna era una causa de dicha enfermedad. Como los casos de cáncer pulmonar y el consumo del energético crecían en forma paralela a lo largo del tiempo, la correlación resultaba casi perfecta, pero esto no justificó nunca la conclusión de este investigador.

La falacia ecológica

Esta falacia surge de transferir a individuos relaciones que suceden y rigen en poblaciones. La falacia ecológica se ilustra muy bien con el ejemplo hipotético de las tres distintas poblaciones, cada una con distinta incidencia de cáncer pulmonar y diferentes costumbres con respecto al uso de sombreros. Está claro que la correlación perfecta que se detecta entre estas dos variables no implica que quien use sombrero aumentará sus probabilidades de desarrollar cáncer pulmonar.

Otro ejemplo: se ha observado que los africanos del centro del continente tienden a comer más fibra natural que los europeos, tienen excretas de mayor volumen y sufren menos enfermedades. Esto ha llevado al doctor Burkitt y a otros nutriólogos a recomendar una modificación radical en la dieta de los europeos, sin tomar en cuenta que ésta es superior en todos los demás sentidos a la de los africanos. Algunos epidemiólogos han encontrado estrecha relación entre el consumo nacional de grasas saturadas y la incidencia de cáncer mamario. Tal evidencia no justifica que se recomiende algún tipo de dieta especial a la población, con el fin de disminuir la mortalidad por cáncer de mama. (Curiosamente, esa correlación existe también con el cáncer de próstata; sin embargo, en este caso sí hay evidencia adicional clínica y fisiológica.)

Esta falacia tiene importancia en asuntos como el de la prevención de enfermedades del corazón. La mortalidad de esta enfermedad ha sido correlacionada con un gran número de variables, que son distintas en cada país, y muchos entusiastas han propuesto modificaciones a la dieta y a la forma de vida sin ninguna evidencia experimental.

Ciertas estadísticas muestran una correlación entre la mortalidad infantil y el aumento del número de médicos en 18 países desarrollados. Tal vez sea un poco exagerado proponer una reducción del número de médicos con base en esta observación.[6]

La falacia del resultado sustituto

Esta falacia no es tan universalmente reconocida como debería serlo. Dado que los efectos de las intervenciones médicas a veces son difíciles de medir, y ello puede tomar mucho tiempo, surge la tentación de encontrar sustitutos a los efectos reales, es decir, resultados "subrogados": efectos que pueden ser medidos con facilidad después de un plazo razonable y cómodo. Algunos epidemiólogos emplean el

6. *Lancet*, 1978, ii:978.

término "resultados intermedios". Esta definición no es satisfactoria, ya que implica que uno se encuentra en una etapa intermedia hacia el desenlace deseado, en lugar de estar haciendo una suplantación.

Los resultados subrogados deben usarse sólo cuando es seguro que son sustitutos válidos de los efectos reales de la intervención médica. Por ejemplo, una oficina de educación sanitaria puede evaluar su actividad al enumerar la cantidad de panfletos que se han enviado a los domicilios, o por el volumen de publicidad televisada que ha adquirido en las emisoras. Este indicador sustituto no provee ninguna información sobre cuántas personas han modificado su conducta y podrían en consecuencia esperar una mejora en su salud. En general, las campañas para convencer a las personas de que usen su cinturón de seguridad en los automóviles no tienen ningún efecto en el número de personas que los utilizan. Sólo cuando hay una campaña de sanciones y vigilancia efectiva, la conducta cambia.

Esta falacia es muy común en las campañas de detección de algunas enfermedades. El número de mujeres a las que se les dio tratamiento después de que su prueba de Papanicolau salió positiva, es usado como información sustituta del objetivo real de la campaña, que es hacer que baje la cantidad de mujeres que mueren de cáncer cervical. Es posible darle tratamiento a un número creciente de mujeres que salieron positivas en esa prueba, sin lograr un impacto en la mortalidad. Similarmente, la estadística sobre la remoción de pólipos del intestino grueso no puede ser aceptada como una medida sustituta de la reducción de la mortalidad de cáncer del colon, aunque tales tumores están asociados con una mayor probabilidad de que se desarrolle cáncer.

Una forma especial de esta falacia se detecta en pacientes que participan en exámenes médicos de grupo para controlar algunos problemas asociados con la salud. Así, por ejemplo, en los exámenes de control de la hipertensión se puede solicitar, además de la medida de la presión arterial, el examen de la retina y de las arterias de la parte posterior del ojo; radiografías del pecho, para determinar el tamaño del corazón; prueba de orina, para medir la proteína presente en la misma, y pruebas simples para evaluar la función renal. Pero este tipo de exámenes colectivos no inciden en la cuestión importante: ¿Acaso alguna de estas actividades mejora la calidad de vida o disminuye la mortalidad de los pacientes? Lamentablemente no hay un control equivalente sobre los tratamientos que se llegan a recomendar o a emprender.

La falacia del peso de la evidencia

Esta falacia se conoce también como la del haz de carrizos, y no es otra cosa que la creencia de que muchas piezas de evidencia débiles logran una evidencia convincente al ser tomadas en conjunto. Se ha hecho costumbre acumular una serie interminable de estudios que sólo marginalmente apoyan una cierta tesis o creencia. Esta práctica es sospechosa, ya que es seguro que si se necesitan grandes números de pruebas, no concluyentes, para demostrar un cierto efecto, es muy probable que el supuesto efecto sea muy pequeño, y por lo tanto irrelevante por sí mismo. Karl Popper dice que es inherente a la ciencia la posibilidad de que una afirmación fundamental sea refutable: el progreso se logra sometiendo las hipótesis a los más rigurosos intentos por demostrar que están equivocadas. Popper usó el ejemplo del cisne negro. La afirmación "todos los cisnes son blancos" era algo indiscutible hasta el siglo XVIII, y se reforzaba después de ver al cisne número mil. Fue en ese siglo cuando llegó a Europa el primer cisne negro, traído de Australia, con lo que la afirmación fue refutada. Lo único que se necesitaba comprobar es que el ave negra en efecto era un cisne. Juzgar el valor de una afirmación por el peso de la evidencia que la confirma es similar a lo que hacía aquel sastre cuyo lema era: "no importa la calidad, ¡sólo pruebe la anchura del traje!". Esta práctica tiende a exagerar la importancia de la evidencia favorable a la hipótesis y a menospreciar la evidencia desfavorable. Tal enfoque no es científico y, particularmente en el campo de la medicina preventiva, resulta peligroso porque puede conducir a acciones muy perjudiciales. No hay que olvidar que, contrario al dicho popular, la excepción destruye la regla, no la confirma. Así, a pesar de que se creía que el cáncer cervical era resultado de la promiscuidad sexual, su detección en grupos de monjas sexualmente inactivas acabó con esa creencia.

La falacia de Popeye

Consiste en repetir una falsedad hasta hacerla creíble. El nombre viene de la creencia de que la espinaca tiene mucho hierro. El mito de Popeye se debe, sin embargo, a un error cometido por los investigadores que, en los años treinta, calcularon en diez veces más el contenido de hierro en esta verdura. Los estadounidenses eran los primeros en llegar a la meta ¡porque se comían su espinaca!, y muchos todavía padecen náuseas al ver un plato humeante de espinacas, recuerdo de una niñez en la que sus madres, preocupadas por su salud, los obligaban a comer espinacas para poner más hierro en su sangre. Hay más hierro en la carne de res, los huevos, el puerco, el hígado, los mariscos y el azúcar morena que en la espinaca, y hay una cantidad similar en la col, las colecitas de Bruselas y otras verduras.

La falacia del recurso a la autoridad

Esta falacia consiste en hacer creer las cosas sólo porque alguien supuestamente de autoridad lo sostiene: "Debe ser verdad, porque lo leí en el periódico, lo vi en la televisión, el médico lo dijo, o lo publicó *Lancet*". La autoridad está profundamente enraizada en la medicina porque el paciente busca consejo, con el fin de obtener una explicación más creíble que la que ofrecen sus amigos y parientes.

El respeto a la autoridad es la base de la mayor parte de la educación médica. Los estudiantes de medicina se pueden acostumbrar tanto a la memorización que creen que si deben aprender de memoria las lecciones y los textos es porque son la "verdad". Algunos justifican esto señalando que "hay que pasar los exámenes". De ello se desprende la necesidad de impartir algún tipo de pensamiento crítico en las disciplinas científicas.

Cuando William Harvey publicó su descubrimiento de la circulación de la sangre, fue menospreciado. Se quejó de que cuando salió su libro perdió la mayor parte de sus pacientes y muchos de sus colegas lo criticaron.

Hay buenas razones para no creer ciegamente en la opinión de la autoridad, no sólo en medicina sino en toda actividad científica. Hoy suena increíble que la prestigiosa revista *Nature* rechazara, ante la recomendación de sus expertos, la publicación del trabajo de Hans Krebs sobre el ciclo del ácido cítrico; el trabajo de H. C. Urey sobre el hidrógeno pesado, y la investigación de Enrico Fermi sobre el decaimiento beta en elementos radiactivos. ¡Todos ellos recibieron luego premios Nobel por esos descubrimientos!

Pero lo anterior no significa que cada supuesto innovador que llegue a tocar las puertas de una revista científica de prestigio sea un genio incomprendido. Lo cierto es que la desconfianza de esas publicaciones está justificada y se debe a que se han "quemado" en múltiples ocasiones por aceptar el trabajo de charlatanes sin escrúpulos, como el del notable seudomédico iraquí Elías Alsabti, que entre 1975 y 1980 publicó en revistas médicas más de sesenta trabajos, todos plagiados o sin ninguna base de investigación clínica.

Un caso similar ocurrió con la revista de la asociación médica estadounidense *JAMA* (Journal of American Medical Association), que

publicó en 1992 un artículo favorable a la llamada medicina ayurvédica, propuesta por el curandero indostano Deepak Chopra. Pronto,
los editores descubrieron evidencia fraudulenta en dicha medicina y
tuvieron que publicar una minuciosa retractación.

Las supuestas autoridades son tan falibles ahora como en los
siglos pasados. En los últimos veinticinco años muchos pacientes
de cáncer han sido tratados con vitamina C, sobre todo basándose
en la autoridad del doble premio Nobel Linus Pauling. Un notable
experimento controlado[7] ha mostrado que la vitamina C no sólo no
benefició a tales pacientes, sino que tuvo un efecto nocivo de cierta
importancia estadística. Es posible que este efecto dañino se haya
producido casualmente, pero si se hubiera notado un efecto positivo
con el mismo nivel de significancia estadística, Pauling hubiera sido
reivindicado y ningún paciente se hubiera librado en el futuro de éste
no tan inocuo tratamiento.

7. Moertel, Fleming y Creagan, *New England Journal of Medicine*, núm. 312, 1985, pp. 134-141.

La falacia de "la voz pública"

En muchos textos médicos modernos, monografías de especialidades y manuales de farmacopea, se asegura que la fenitoína, fármaco usado para controlar ataques, puede causar el enrojecimiento de la orina, si ésta es ácida. Dos investigadores notaron que ello no ocurría[8] y rastrearon este mito hasta dar con una referencia, publicada en una revista farmacológica, que resultó carecer de todo fundamento. Derby y Ward tuvieron suerte de que el mito se originase entre sus contemporáneos, que vivían aún y podían ser localizados. Pero, ¿qué tanto de lo que se habla en los textos médicos se basa en observación espuria que nadie se ha molestado en corroborar, y que se ha venido reproduciendo de generación en generación? Son sospechosas todas las afirmaciones que sólo se basan en la voz pública.

Hasta hace pocos años, a los pacientes que habían sufrido infartos al miocardio se les ordenaban seis semanas de reposo absoluto. Este era el plazo que se suponía que el miocardio dañado necesitaba para sanar. Los pocos médicos que permitían a los pacientes usar el excusado, en lugar del cómodo de hospital, eran considerados excéntricos y temerarios. Hoy la regla es la movilización temprana del paciente, aun dentro de las veinticuatro horas del ataque, para evitar que desarrollen coágulos en las piernas.

La falacia de la explicación sencilla

Muchos médicos buscan la explicación más sencilla a problemas complejos, una mala aplicación del principio lógico conocido como la navaja de Occam; pero, como el humorista estadounidense H. L.

8. B. M. Derby y J. W. Ward, "El mito de la orina roja por causa de la fenitoína", *JAMA*, 1983,

Mencken lo señaló alguna vez, "para cada problema difícil y complejo habrá una solución simple, directa... y equivocada". Tal vez el mejor nombre para esta falacia sea el de la "explicación global". Si una explicación es tan sencilla que abarca todo en general, como ocurre con las de las llamadas medicinas alternativas, no está explicando nada en particular. Por ejemplo, la homeopatía basa su actividad terapéutica en un principio sencillo: lo mismo cura lo mismo. Un antecedente de lo cual fue la doctrina del brunonianismo, por primera vez propuesta por John Brown (1735-1788). Brown enseñaba que toda enfermedad era resultado ya sea de una sobreestimulación (*stenia*) o una inhibición (*astenia*), y que los tratamientos respectivos eran opio o alcohol, administrados en dosis masivas, según cada caso. El sistema fue adoptado con entusiasmo por los doctores y de acuerdo con el historiador Johann Bass, el tratamiento provocó más muertes que la Revolución Francesa y las guerras napoleónicas combinadas.

Al final del siglo XIX, el agotamiento, o cansancio local, fue aceptado como explicación de muchas enfermedades: había cansancio del corazón, del sacro iliaco, o de los ojos —que era la principal causa de las jaquecas—. Más tarde, el cansancio fue sustituido por la tensión —estrés—, un concepto que se hizo muy popular después de que Hans Selye lo convirtiera en el centro de su "síndrome de adaptación general". Anualmente, un gran número de doctores y el público en general creen que el estrés es la causa fundamental de problemas coronarios, cáncer, colitis ulcerante, úlceras pépticas y muchas otras enfermedades. Sólo hasta los tiempos de Galeno uno hubiera podido encontrar una concepción tan generalizada con tan poco poder explicativo real, ¡pero que en apariencia es la causa de todo! La tensión y el malestar anímico en efecto inhiben el funcionamiento del sistema inmunológico; pero no son más que factores accesorios en el surgimiento de esos graves males. Los cursos de control de la tensión emocional no han demostrado reducir su incidencia.

6

El derecho a la irracionalidad

Podría escribirse un libro inmenso refiriendo supuestos hechos de la historia de la humanidad que se han tenido como ciertos y en los que no deberíamos haber creído.

En su *Historia de la medicina,*[9] el médico británico John A. Hayward narra el siguiente suceso que él atestiguó:

Son notables la credulidad y la falta total de criterio científico que pueden encontrarse en personas comunes —en especial, cuando están alarmadas ante el deterioro de la salud de amigos o familiares—, que en otros aspectos se comportan con total racionalidad.

9. Fondo de Cultura Económica, México, 1965.

45

Había estado yo tratando, sin éxito, a un muchacho de trece años del molesto trastorno conocido como enuresis nocturna, el cual generalmente se considera como un obstáculo para ser admitido en un colegio de internos. La madre era una intelectual de temperamento artístico, y una excelente ama de casa. El muchacho había sido educado en el hogar, pero ya era tiempo de que asistiese a una escuela pública. Su caso no requería atención frecuente y hasta después de varias semanas no me enteré de que el chamaco ya se había "curado" de sus trastornos, y estaba felizmente instalado en el colegio. Naturalmente, tuve curiosidad de saber cuál había sido el remedio con el que se habían logrado resultados tan maravillosos en un plazo tan breve. Mis preguntas a los familiares fueron recibidas con una actitud confusa y de pena, y con una reticencia manifiesta a darme detalles "pues muy bien podría yo reírme de ellos". Después de asegurarles que yo no haría tal cosa, y de manifestarles lo provechoso que sería para otros casos similares si me ilustrasen sobre el tratamiento, se decidieron a hacerme el relato. El remedio había sido proporcionado por un amigo: "Debe atraparse un ratón de color café, el cual debe ser cocinado y condimentado para servirlo en la cena a la persona que padezca la enfermedad. Y resulta tan seguro el remedio que casi nunca se hace necesario repetirlo". Yo pregunté:

—¿Se dio cuenta el chico de que estaba comiendo un ratón?

—No sea usted simple, doctor —contestó la madre—. Usted conoce bien a Tomasito. ¡Nunca lo hubiéramos hecho comérselo!; así que le dijimos que era una alondra.

—¿Y cuánto tiempo se tardó en notar la mejoría?

—Casi inmediatamente —me dijeron—; después de unas cuantas noches ya no se presentó la molestia.

Asumiendo el aire más serio posible les di las gracias por los informes y después agregué el "ratón *café*" a mi recetario. Nótese lo de "café". Los ratones caseros son de color gris, y un ratón café o pardo (que probablemente haya sido una musaraña de campo) es muy difícil de obtener. La dificultad para conseguir muchos de los antiguos remedios debe haber sido un factor que contribuía mucho a su aparente eficacia; pero en este caso, el niño creyó estar comiendo alondra, un pajarillo muy común, así que la curación no pudo haber sido psicológica. La explicación desde luego está en el hecho de que este trastorno cede más o menos rápidamente a esa edad aproximada. Pero yo de ninguna manera me hubiera atrevido a desilusionarlos quitándoles una agradable creencia supersticiosa, que recordaba los días de las panaceas médicas y de los filtros y pociones de la hechicería medieval.

Es claro, en este caso, que el muchacho, aunque no haya sabido que comía un ratón —aunque lo pudo haber sospechado—, se dio cuenta de que había ingerido un animal pequeño, que se le proporcionó en forma poco usual, y sin duda sabía que sus padres estaban preocupados por su problema nocturno, así que la conclusión de Hayward, de que aquí no pudo haber funcionado el factor psicológico, no es necesariamente cierta.

Al respecto, comenta el médico mexicano José Alberto Figueroa que hay quienes sostienen que se debe dejar al pueblo tener supersticiones, como los niños pequeños, pues siempre ha sido aficionado a los prodigios, a oír su buenaventura, a las peregrinaciones a santuarios lejanos, y sobre todo, a los charlatanes médicos. Hay también quienes aseguran que a la larga ninguna de estas supersticiones ha producido algún bien a la humanidad, que muchas de ellas causaron grandes perjuicios y que, por lo tanto, debe buscarse eliminarlas.

Podría escribirse un libro inmenso refiriendo supuestos hechos de la historia de la humanidad que se han tenido como ciertos y en los que no deberíamos haber creído. Sólo se necesita un caso para establecer una costumbre. Tales sucesos prodigiosos e improbables deben relatarse algunas veces, pero únicamente como prueba de la credulidad humana, porque pertenecen al terreno de las opiniones y al de las simples tonterías, cuyo ámbito es amplio... demasiado amplio.

En ningún otro campo como en el de la medicina han florecido tanto los seudocientíficos. No es difícil saber por qué. En primer lugar, un charlatán médico —si se presenta con una apariencia impresionante— con frecuencia se enriquece. En segundo, si es sincero y cree que puede curar, cualquier éxito aparente que obtenga lo sostendrá firmemente en su creencia. Algunos curanderos son a todas luces estafadores, pero hay otros que revelan una rara mezcla de sinceridad y engaño, una combinación que se encuentra a menudo en mentes desquiciadas.

Hay dos grandes secretos del éxito de los charlatanes: uno es el hecho de que muchas enfermedades del ser humano, incluyendo algunas muy graves, siguen su curso natural hasta desaparecer sin tratamiento de ninguna clase. Supongamos que no podemos deshacernos de un molesto catarro. Decidimos acudir con un nuevo doctor, del que hemos oído hablar y cuyos métodos no son ortodoxos, pero que nos los ha recomendado ampliamente un amigo o familiar. Cuando llegamos con él vemos que es un hombre al parecer bien educado, distinguido, que habla con gran elocuencia y autoridad sobre su trabajo. En la mayoría de los casos tiene un aspecto bondadoso, viste de blanco y afecta sabiduría con su barba larga y una sonrisa convincente. Sobre la pared de su despacho hay diplomas de lo que parecen ser algunas escuelas de medicina, y también cartas con su nombre (al que le siguen muchas iniciales crípticas), que le otorgan distinciones impresionantes. Lo que *no sabemos* es que esos honores provienen de escuelas insignificantes o que ya no existen, o bien de escuelas fundadas y dirigidas por él mismo.

Decidimos que nada tenemos que perder y nos quitamos los zapatos y calcetines o medias para dejar que el doctor alumbre nuestros pies con rayos infrarrojos durante diez minutos. Nos cuesta tan sólo 200 pesos pero, claro está, tendremos que regresar por dos o tres tratamientos adicionales. Después de una semana, nuestro catarro se habrá ido por sí solo pero, por increíble que parezca, estaremos firmemente convencidos de que los rayos infrarrojos son la causa de nuestra curación. Nos hemos convertido ya en leales y fervientes seguidores del doctor y antes de que termine el año él habrá ordeñado varios miles de pesos de nuestras quincenas o de nuestra cuenta bancaria.

Ocurre algo muy parecido en algunas tribus: ante un eclipse los salvajes se asustan, pero el médico brujo mueve los brazos y el Sol de pronto queda curado: ¡lo hizo! La mitad de los éxitos de los charlatanes son exactamente de este tipo.

El otro gran secreto de los charlatanes radica en el hecho de que muchas de nuestras enfermedades son parcial o totalmente de origen psicosomático. Si un paciente con estas características tiene fe en un médico, sin importar lo extraños que sean sus métodos, con frecuencia se curará de manera aparentemente milagrosa, y ello reafirmará su fe en el terapeuta.

Desde luego, los que no sanan, los que mueren o quedan avergonzados por el engaño, no aparecerán en las estadísticas. Los muertos no dan testimonios en los juicios entablados contra quienes practican la medicina sin título... y sin escrúpulos.

Por otro lado, si en nuestro grupo social muchos hablan acerca de la curación con rayos infrarrojos, ello fortalecerá nuestra inclinación a convertirnos en parte de esa cofradía de fieles seguidores del charlatán y después, ya como iniciados, podremos hablar de nuestras experiencias en este nuevo tipo de tratamiento. Si se corre la voz de que alguien está curando con rayos infrarrojos, o con agua de la llave, como ocurrió con el agua del Tlacote, más y más personas buscarán esa cura, sin importar qué digan miembros más prudentes de nuestro círculo, o el médico real de la familia. La única respuesta que les daremos es... ¡sí sirve!

Y sí, realmente sí funciona. Cada vez que alguien logra llevar a uno de esos charlatanes ante un tribunal, el acusado no tendrá ningún pro-blema para encontrar una gran cantidad de personas dispuestas a atestiguar sobre lo milagroso de sus curaciones, así que cada médico brujo moderno, por absurdos que sean sus rituales, siempre hallará pacientes nuevos que creerán haber sido curados.

Bacterias invulnerables

El abuso de medicamentos ocasiona que el paciente busque que le receten siempre más y más antibióticos. Y lo único que se logra es aumentar la resistencia de las nuevas cepas bacterianas.

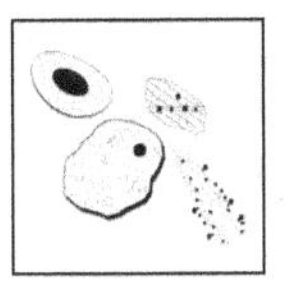

El descubrimiento de los antibióticos en la primera mitad del siglo XX prometía alcanzar el sueño dorado de darle fin a multitud de terribles enfermedades que desde tiempos inmemoriales han diezmado a la humanidad. Hasta mediados de los años treinta, una enfermedad tan sencilla como la pulmonía representaba casi una sentencia de muerte para cualquier persona. Las enfermedades venéreas, como la gonorrea y la sífilis, condenaban a sus víctimas a una existencia de dolor, deterioro físico y locura. Quienes sufrían de tuberculosis o consunción, languidecían largos años antes de morir debilitados y asfixiados por un asesino implacable.

Primero las sulfas, en 1935, y después la penicilina, en 1941, abrieron la posibilidad de acabar con las enfermedades provocadas por estreptococos, gonococos, estafilococos y varios bacilos como el de Koch, que causa la tuberculosis. Sin embargo, males como éste han reaparecido, producto de nuevas cepas de los gérmenes originales que resisten todos los antibióticos existentes hasta la fecha. La tuberculosis vuelve a ser mortal entre los marginados de ciudades como Nueva York, y la situación para algunos se está haciendo desesperada.

Todo lo anterior se debe a una nefasta práctica que ha sido tolerada y hasta impulsada irresponsablemente por muchos charlatanes y malos médicos de diversas partes del mundo: la automedicación. A ésta se une una práctica hermana, que es la de interrumpir el tratamiento cuando desaparecen los síntomas (sin respetar el plazo determinado por el médico), lo que permite que el germen sobreviva y vuelva a recuperarse, reforzado, para causar una vez más el mismo malestar. Uno de los principales casos de automedicación es el abuso de antibióticos para tratar de curar enfermedades respiratorias, generalmente causadas por virus que no son afectados por éstos. Como este tipo de males suelen tener una componente bacteriana, el paciente llega a sentirse bien, por lo que insiste en que se le receten siempre más y más antibióticos. Lo único que se logra con esto es aumentar la resistencia al medicamento de las nuevas cepas de bacterias que porte el organismo. La venta de antibióticos debe por lo tanto ser más controlada.

Tuberculosis

Esta enfermedad inutiliza los alveolos pulmonares y ocasionalmente el bacilo de Koch ocupa volúmenes crecientes de cada pulmón hasta provocar la muerte del paciente por insuficiencia respiratoria.

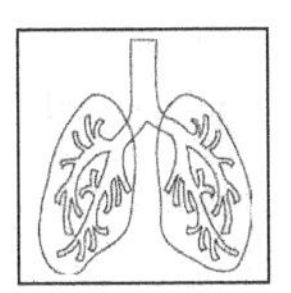

Enfermedad de la miseria urbana, la marginación, el hacinamiento y el abandono, la tuberculosis resurge, al terminar el siglo XX, en las grandes ciudades de Occidente. En Nueva York, los habitantes de los guetos étnicos y en especial los indigentes, que apenas sobreviven en los callejones de la urbe de acero, son víctimas de esta perniciosa y persistente enfermedad que mina sus pulmones, sus huesos y sus órganos, y que cada día que pasa se hace más resistente a los tratamientos con que se creyó que se lograría su erradicación;

objetivo que se vio frustrado precisamente por prácticas aberrantes como la automedicación y la interrupción de tratamientos.

La tuberculosis es una enfermedad infecciosa causada por una bacteria, el *Mycobacterium tuberculosis*, también conocido como el bacilo de Koch, descubierto por Robert Koch en 1882. Este germen invade e inutiliza los alveolos pulmonares y ocasionalmente ocupa volúmenes crecientes de cada pulmón hasta provocar la muerte del paciente por insuficiencia respiratoria casi total.

Durante el siglo XIX, la tuberculosis se convirtió en una enfermedad de los artistas, que agonizaban hasta morir en medio de terribles accesos de tos.

Pero ahora, la Organización Mundial de la Salud detalla las pavorosas características de esta nueva pandemia: en la década de los noventa la tuberculosis mató a 30 millones de personas; y ocasiona ya el 26% de las muertes evitables en el tercer mundo. Entre los enfermos de sida es la principal causa de fallecimientos. Cada año 300 mil niños mueren de tuberculosis. Si no se trata, una persona con tuberculosis activa infectará de 10 a 15 personas a lo largo de un año. Al igual que el catarro común, y a diferencia del sida, la tuberculosis se contagia por contacto casual entre las personas. Trescientos millones de personas se contagiarán en la primera década del siglo XXI. Los actuales antibióticos y medicamentos que combaten al bacilo se podrían hacer ineficaces si no se ataja la dispersión de las nuevas cepas de alta resistencia que han surgido en todo el mundo. Se estima que más de 50 millones de personas están ya infectadas por alguna de esas cepas ultrarresistentes a los antibióticos.

Una forma de enfrentar este desastre ha tenido algo de éxito en Nueva York y, sorpresivamente, en Somalia: el llamado "tratamiento a corto plazo directamente observado", que consiste en evitar la principal causa del surgimiento de la tuberculosis incurable, es decir, la interrupción prematura de la ingesta de medicamentos como la estreptomicina, el izoniacid, el rifampicin y el etambutol.

Los riesgos del naturismo

Para esta creencia, la fuente de toda enfermedad reside en la acumulación en el intestino grueso de tóxicos derivados de una dieta antinatural.

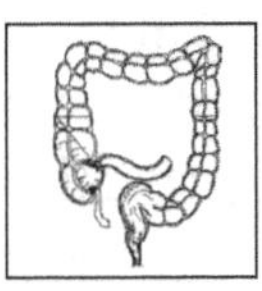

En una primera aproximación pocas personas podrían objetar los postulados de esa terapia que se hace llamar naturismo o naturopatía. ¿Quién podría oponerse a seguir una dieta balanceada con muchas verduras, a respirar aire fresco, a hacer ejercicios moderados y a tomar el Sol sin exagerar? Por otro lado, nadie podría asegurar que los antibióticos siempre funcionan y que toda la cirugía que se practica es en verdad indispensable.

Sin embargo, detrás de esa fachada atractiva y optimista se encuentra un cuerpo de creencias anticientífico y hasta peligroso para la salud. Tal vez el mayor riesgo que implica el naturismo actual para sus practicantes más devotos resida en que, al igual que otras seudociencias, como la homeopatía y la quiropráctica, la medicina naturista niega el efecto patógeno de los gérmenes; o sea que no acepta que los microorganismos, bacterias o virus, ocasionen enfermedad alguna. Según el naturismo, todos los males que sufre el ser humano se deben a que ha dejado de vivir en armonía con la naturaleza y, sobre todo, a que no consume exclusivamente alimentos naturales, entre los que sólo consideran a las verduras frescas, los cereales y, en forma limitada, los productos lácteos y los huevos. Para el naturismo, la fuente de toda enfermedad reside en la acumulación en el intestino grueso de tóxicos derivados de una dieta antinatural.

Según un clásico del naturismo, el doctor Adrián Vander, los gérmenes son causados por las enfermedades y no a la inversa: "Un cuerpo sano, en plena vitalidad y libre de materias muertas (sustancias extrañas) difícilmente puede ser víctima de los microbios". Eso que se lo diga a todos los enfermos de sida que hay ahora en el mundo. Tal creencia se hace especialmente peligrosa porque los naturistas se oponen al empleo de toda clase de antibióticos y a la aplicación de vacunas, tanto a niños como a adultos.

Este aspecto ha sido disimulado un poco por los propagandistas actuales del naturismo; sin embargo, sigue vigente mientras sus impulsores se nieguen a reconocer que las bacterias o virus pueden atacar el organismo hasta del vegetariano más ferviente y causar en él un conjunto de síntomas perfectamente determinados, predecibles y bien descritos ya por la verdadera medicina moderna.

Lo absurdo de la creencia se manifiesta cruel y dramáticamente en el caso de enfermedades infecciosas graves. Una persona mordida por un perro rabioso desarrolla casi inevitablemente la enfermedad y muere en

agonía terrible si no se vacuna a tiempo. No importa si es vegetariana o no, o si toma baños de Sol o se aplica compresas de agua fría. Lo mismo ocurre en el caso del tétanos o del sida. Si a un naturista se le inocula una dosis de espiroquetas, desarrollará la sífilis, aunque se cepille la piel o ayune por varios días. Desde luego, no se sabe de algún médico naturista que haya aceptado someterse a este experimento.

Los naturistas son también víctimas de una obsesión muy extraña: el temor al estreñimiento, al que le atribuyen graves efectos. Por ese motivo, uno de los tratamientos básicos del naturismo son los lavados intestinales o lavativas —irrigación colónica, como los llama el naturista Robert Wood—. De acuerdo con Wood, los lavados intestinales son muy efectivos contra la apendicitis, la sífilis y la tuberculosis ósea.

Desde luego que eso no tiene ninguna base científica. Del intestino grueso, el organismo sólo absorbe agua y no existen las toxinas de las que hablan los naturistas. Ninguno de ellos ha podido dar la fórmula química de una de esas sustancias que supuestamente causan tantos males. El naturismo no reconoce la existencia de enfermedades derivadas de deficiencias genéticas, que se manifiestan en el sistema inmune del organismo, como son el cáncer, el lupus y la artritis reumatoide; para ellos, esos males se deben siempre a una mala dieta. Esto causa graves y dolorosas tragedias en pacientes que dejan de atenderse con médicos auténticos.

Otra obsesión de los naturistas es la del ayuno repetido y prolongado —lo que tal vez explique por qué padecen tanto estreñimiento—. No hay ninguna evidencia de que el ayuno corto contribuya a curar otra cosa que males digestivos. El ayuno prolongado y habitual sin duda provoca desnutrición y entorpece los mecanismos inmulógicos del organismo.

Uno de los pilares del naturismo es la convicción de que el hombre sufre enfermedades por haber abandonado el tipo de alimentación que supuestamente le es natural y exclusivo: la dieta vegetariana. Pero esto es falso. Los hallazgos de los paleoantropólogos, que buscan restos de nuestros más remotos antepasados, demuestran que el factor que más impulsó la aparición de la inteligencia fue la práctica de la cacería. Los restos hallados en los antiguos asentamientos prueban que el hombre consumía regularmente antílopes, elefantes, búfalos y hasta otros primates. La cacería demandaba inteligencia para fabricar y manejar armas arrojadizas, cortantes y contundentes. Otra adaptación surgida de nuestros hábitos de caza fue la pérdida del pelo corporal y la capacidad de correr distancias muy largas en persecución de las presas.

Una alimentación que incluya carne es indispensable para el desarrollo físico y neuronal de los niños. Según los naturistas, la carne tiene unas toxinas llamadas "necronas", que sólo existen en la imaginación de los naturópatas.

En especial peligro se encuentran los niños entregados al cuidado de los naturistas: aparte de que pueden sufrir daño neurológico por no recibir una alimentación adecuada con proteínas animales; también es posible que no sean vacunados contra males graves como la polio, el sarampión y la difteria.

10

Vegetarianismo: misticismo disfrazado

Ningún médico o laboratorista ha podido detectar a la "necrona", la supuesta toxina de la carne.

El consumo de carne en países como el nuestro, además de lo difícil que se ha tornado para la mayor parte de la población, ha venido sufriendo de mala prensa por parte de sectas vegetarianas de distintos orígenes y tendencias.

El origen de la creencia de que el consumo de carne es inmoral o nocivo proviene sobre todo del hinduismo, el cual proclamaba, desde hace muchos siglos, la existencia de la reencarnación, y señalaba que al consumir la carne de cualquier animal una persona podría estar devorando a alguno de sus antepasados (reencarnado, por causa de sus pecados, en el cuerpo de un bovino u otro animal comestible). Además, se considera moralmente indispensable respetar la vida y mantener profundos sentimientos de amor por todos los seres vivientes. Lo curioso es que según esta doctrina, denominada *ahimsa*, también se puede reencarnar en un vegetal, cuya vida debería ser respetada; sin embargo, al creyente esto no le importa: al pobre vegetal sí se lo engulle sin contemplación alguna. Con la difusión de las ideas místicas orientalistas en el mundo occidental y en México, surgió la moda vegetariana. Pero como el argumento de la reencarnación no era muy convincente para nuestra época y cultura, los impulsores del vegetarianismo inventaron una serie de patrañas sobre la toxicidad intrínseca de las carnes frescas, sin que hasta el momento hayan presentado estudios, pruebas o estadísticas que demuestren dicha toxicidad. Dicen ellos que la carne produce dentro de nuestro cuerpo depósitos dañinos de ácido úrico y que las famosas necronas causan gran parte de las enfermedades. Hay que insistir en que ningún médico o laboratorista ha podido descubrir qué es una necrona. En cuanto al ácido úrico, es verdad que su aumento en la sangre puede asociarse con algunas dolencias, como la gota, pero eso solamente ocurre si el propio cuerpo produce más de ese ácido. El mito de que el ácido úrico en la dieta es causa de tales molestias fue hace muchos años desmentido por la ciencia de la nutrición.

Por otro lado, a pesar de que, por ejemplo, durante siglos el pueblo de la India ha seguido las reglas vegetarianas no es, ni remotamente, el más saludable del mundo, como se podría esperar; por el contrario, sufre problemas de desnutrición y avitaminosis tan graves o peores que los de cualquier otro país subdesarrollado. En cambio los pueblos con mayor esperanza de vida al nacer son invariablemente aquéllos que siguen una dieta con suficientes proteínas animales, sobre todo en la etapa de crecimiento y formación física e intelectual de los individuos.

Aunque se ha demostrado que gracias al consumo de carne la humanidad sobrevivió como especie, sobre todo durante las diversas épocas glaciales, en las que se evitó un auténtico peligro de extinción, y a pesar de que la carne contribuyó con las proteínas necesarias para que la humanidad desarrollase la inteligencia, en especial a través de la actividad de la cacería en grupo, se sigue fomentando la falacia vegetariana con grave daño particularmente para el desarrollo mental de los niños. Se ha documentado[10] lo que sucede con miembros de sectas religiosas que imponen el vegetarianismo a sus miembros, como los Hare Krishna, o Sociedad Internacional por la Conciencia de Krishna, grupo fundado por un negociante indostano que se hace llamar Bhaktivedanta Swami Prabhupada. En ese reportaje se muestran los graves efectos de desnutrición entre los infelices hijos de los miembros de la secta, a los que además se les niega atención médica formal, evidentemente con graves consecuencias para la salud.

Ningún médico niega que es posible obtener una dieta balanceada sin carne, pero el hecho es que resulta difícil lograrlo durante periodos prolongados y además es totalmente innecesario. Los diez aminoácidos esenciales para la salud (fenilalanina, leucina, isoleucina, lisina, metionina, treonina, triptófano, valina, tirosina y cistina) los obtenemos de una dieta balanceada que incluya carne; en cambio, es muy difícil lograr lo mismo con una dieta estrictamente vegetariana. Si uno solo de esos aminoácidos falta, tendremos una deficiencia nutricional que puede traer graves consecuencias.

Por otro lado, los aminoácidos son los productos de la digestión de las proteínas y la simple adición de carne a la dieta es la manera más sencilla de cubrir todas nuestras necesidades. Es verdad que en algunos padecimientos, como la propia gota, la ingestión de carne roja debe limitarse. Pero hay también padecimientos que se combaten

---

10. *Life Magazine*, diciembre de 1980.

mejor con dietas ricas en proteínas. No existe ninguna evidencia así de que la carne magra desempeñe un papel significativo como causa de alteraciones corporales y mucho menos del cáncer, como lo aseguran algunos seguidores de la moda vegetariana.

En los países occidentales, con el fin de explotar el negocio del vegetarianismo, han surgido muchos restaurantes que, generalmente a precios demasiado altos, venden vegetales disfrazados de diversas carnes cocinadas o guisados típicos. De igual manera, las tiendas de alimentos naturales venden a precios exagerados semillas, cereales, salvado, soya saborizada o sustancias inútiles para la persona ordinaria, como la lecitina. Es notable cómo, en algunos de estos comercios, existe también una pequeña pero bien surtida librería de textos místicos y orientalistas.

La soya se ha venido manejando como el alimento del futuro. Según van las cosas, mientras no sea muy grande la necesidad, o hasta que se le pueda dar un sabor agradable, continuará siéndolo por un buen rato.

Ello no significa que la soya no sea un buen alimento. Al contrario. Si se utilizara en combinación con harinas ordinarias convertiría a muchos de los productos chatarra en alimentos buenos y baratos para la mayoría de la población.

Todo lo anterior no quiere decir que el consumo de los alimentos de origen animal no tenga diversos inconvenientes. Los antiguos impulsores del naturismo nunca adivinaron que en efecto los productos animales contienen sustancias dañinas para la salud, pero no las que ellos creían. Las grasas saturadas, el colesterol y los triglicéridos que hay en estos alimentos tienen efectos dañinos en el organismo, como la arterioesclerosis y cáncer, de próstata, entre otros. Pero los naturistas y los orientalistas jamás sospecharon esto, ya que recomendaban la dieta ovo-lacto-vegetariana, que implica el consumo precisamente de esos ingredientes de la alimentación animal que más daño causan.

Entre las dietas vegetarianas más dañinas se encuentra la llamada dieta macrobiótica. Informa la Organización Mundial de la Salud,[11] que ésta consiste en una mezcla de ocultismo, misticismo y religión trasnochada, que promete curar todas las enfermedades, pasadas y presentes, mejorar la memoria y el entendimiento, al mismo tiempo que "amplía la libertad y el pensamiento". Su nombre significa "gran vida" o "vida prolongada", pero lo cierto es que si se sigue al pie de la letra, su efecto es precisamente el contrario.

La dieta macrobiótica original, llamada *zen macrobiótica*, está compuesta en realidad por siete dietas, que van desde la de nivel inferior (que incluye 10% de cereales, 30% de hortalizas, 10% de sopa, 30% de productos animales, 15% de ensaladas y frutas y 5% de postres), hasta la de nivel superior (que consiste en 100% de arroz moreno, con una reducción radical de cualquier líquido). Sus seguidores creen que todo el mundo forma parte del *ying* o del *yang*, y que comer sanamente implica seguir una proporción de 5 *ying* a un *yang*. El azúcar y la mayoría de las frutas son demasiado *ying* y deben limitarse; la carne y los huevos son demasiado *yang*. El único alimento perfecto es el arroz moreno. Esta dieta sin razón y peligrosa —concluye la OMS—impone también una reducción drástica de los líquidos. Varios jóvenes estadounidenses han seguido este régimen con consecuencias trágicas. Después de alcanzar el nivel de arroz moreno, han perdido la vida por desnutrición, sin haber entendido que esta dieta implica la eliminación de la mayoría de los nutrientes esenciales para la vida.

11. *Los alimentos y la salud*, Salvat, 1987.

11

Magia homeopática

Un fluido imponderable, indetectable por medios físicos —como el éter—, restablece el equilibrio dinámico del organismo.

 A la opinión pública se le ha ocultado hábilmente que la mayoría de las llamadas medicinas alternativas se basan en conceptos mágicos primitivos y anti-científicos. Ello es cierto sobre todo en el caso de la homeopatía. Cuando, por ejemplo, un médico verdadero tiene que debatir en los medios electrónicos con un homeópata, no puede desempeñarse bien, ya que ignora las inauditas bases de esta peculiar terapéutica.

Pero, por sus fundamentos, la homeopatía resulta indistinguible de la magia. Fue inventada en 1796 por el médico alemán Christian Samuel Hahnemann (1755-1843), como una reacción contra las prácticas bárbaras de la medicina común de la época, basadas en la antigua teoría de los humores, y que incluían sangrías con ventosas o sanguijuelas, ayunos, purgantes y pociones repulsivas o peligrosas. Se suponía, en el siglo XVIII, que todas las enfermedades eran causadas por el desequilibrio de los cuatro humores corporales: sangre, flema, bilis negra y bilis amarilla. Los médicos intentaban restaurar el equilibrio tratando los síntomas con sus "opuestos". Así, la fiebre era tratada enfriando al paciente, extrayéndole el "exceso" de sangre. Hahnemann observó que la quinina curaba la malaria y reducía la fiebre en los enfermos, pero que al mismo tiempo esa sustancia causaba fiebre cuando era ingerida por un individuo sano; por ello propuso el principio de la similitud o la ley de similia: "lo similar se cura con lo similar", base de una terapia a la que llamó "homeopatía" (del griego *homoios*, similar, y *pathos*, padecimiento). A la teoría de los humores y los opuestos la denominó "alopatía" (del griego *allos*, diferente), ya que curaba los síntomas con lo opuesto a lo que los causaba. Es entonces erróneo llamar "alopatía" a la medicina moderna, la cual cura atacando y remediando las causas reales de la enfermedad y no nada más contrarrestando los síntomas.

Hahnemann creó una complicada teoría de la salud y la enfermedad, que resumió en su libro *Organon der rationellen Heilkunde*, conocido ahora nada más como *Organon*, y que incluye cuatro principios cardinales: 1) la mayor parte de las enfermedades son causadas por un desorden infeccioso llamado *psora*; 2) la vida es una fuerza espiritual que conduce al alivio del cuerpo; 3) los remedios pueden ser detectados al anotar los síntomas que las sustancias producen cuando se ingieren en una sobredosis (la prueba), y al ser proporcionados en dosis altamente diluidas a pacientes con esos mismos síntomas (ley de similia); y 4)

Caricatura de Christian Samuel Hahnemann. (Cortesía de Skeptic magazine —www.skeptic.com— Pat Linse.)

los remedios se vuelven más efectivos mientras más diluidos estén (ley de los infinitesimales), y se diluyen mejor cuando los recipientes que los contienen se golpean suavemente en la palma de la mano o en un cojincillo de cuero (potenciamiento por "sucusión"). Como señala un informe del Consejo Nacional contra el Fraude en la Salud, organización estadounidense dedicada a poner a prueba las afirmaciones de las llamadas medicinas alternativas,[12] las premisas de la homeopatía han sido refutadas por ciencias básicas como la química, la física, la farmacología y la patología. Quienes la ejercen impiden cambios en su doctrina que modificarían los principios originales de Hahnemann, quien trabajó antes del descubrimiento de los gérmenes patógenos y de sus efectos en la salud o del descubrimiento de las vitaminas. De hecho, algunos de sus seguidores, como James Tyler Kent, quien conocía de los descubrimientos de Semmelweis y de Pasteur, los rechazó, y así insiste, en su libro *Filosofía homeopática*, en que los gérmenes no ocasionan las enfermedades, sino que aparecen en el organismo por causa de éstas. En este texto, Kent recalca claramente lo siguiente: "Las bacterias son los resultados de la enfermedad. Más adelante podremos demostrar perfectamente que los organismos microscópicos no son la causa de las enfermedades, sino que las acompañan, vienen después, son los barrenderos del organismo enfermo y son completamente inofensivos" —semejantes dislates aparecen en la página 28 de la edición de su libro impresa en México en 1976, a la venta en cualquier farmacia homeopática—. Prosigue Kent señalando lo siguiente:

Los microorganismos forman parte del proceso material de la enfermedad y el microscopio ha descubierto que cada resultado patológico tiene su microbio correspondiente. La Antigua Escuela (la alopatía) considera estas bacterias como la causa de la enfermedad, pero nosotros (los homeópatas)

12. Jarvis, William, (Ed.), "Homeopathy, a position statement by the National Council against Health Fraud", *Skeptic*, vol. 3, núm. 1, Caltech, Pasadena, Cal., E.U., 1994.

podemos probar que la causa de las enfermedades es diez millones de veces más sutil que cualquier cosa que se pueda ver con la ayuda del microscopio. Demostraremos paso a paso, por la vía del razonamiento, la locura de querer descubrir la causa de las enfermedades por medio de nuestros sentidos.

Nada han hecho quienes ahora regentean el negocio de la "educación" homeopática en México por desmentir semejantes desatinos, sólo se han limitado a tratar de ocultar esos textos básicos y las ideas ahí expuestas, de las que desde luego no han renegado. De igual forma, han llegado a alterar la redacción original de algunos párrafos del *Organon*, con el fin de eliminar los términos y conceptos hechiceriles más comprometedores.

La teoría de la salud de la homeopatía señala que las enfermedades son producidas por la ingestión de sustancias dañinas, que rompen el equilibrio dinámico de la fuerza vital espiritual del organismo. Para restaurar ese equilibrio hay que proporcionar al paciente una dosis superdiluida de esa misma sustancia. La dilución se lleva a cabo por etapas, poniendo una gota de la sustancia base en 99 gotas de un diluyente como el alcohol; a esta mezcla se le dan dos sacudidas y se extrae una gota de la solución resultante, la cual se mezcla a su vez con otras 99 gotas del diluyente elegido; se le vuelven a dar dos sacudidas y extrae de nuevo una gota de la mezcla que resulte. Este procedimiento se repite hasta 200 veces. Pero ocurre que después de la mezcla número 24, ya no queda en la gota resultante "ni una sola molécula" de la sustancia original. Ello no preocupa a los homeópatas, ya que creen que todas las sustancias encierran un fluido imponderable —indectectable—, el cual sólo se percibe por su "dinamismo vital". En el prólogo del libro *Medicina homeopática doméstica*, de Hering, señala el homeópata Álvarez Araujo:

¿Para qué necesitamos la materia de la sustancia primitiva? Para nada, absolutamente, así que poco nos importa que en la segunda dilución no se encuentre ni la más mínima molécula de ella.

Por el procedimiento de Hahnemann se trasladan las virtudes medicinales al agua común y corriente y el hombre puede gozar de las que aquellas materias indigestas contenían.

Un fluido imponderable, indetectable por medios físicos, restablece así ese equilibrio dinámico de su organismo. Existen miles de supuestos remedios homeopáticos, como por ejemplo la tintura de tarántula asfixiada en alcohol, que pretendidamente sirve para la "manía, la hiperactividad y para brotes sépticos". También manejan los homeópatas la radiestesia, que pretende aprovechar unas imaginarias "propiedades magnéticas" de las sustancias. Hahnemann recomienda el uso del péndulo radiestésico para analizar sus medicamentos. Con una mano se toma una muestra de la sustancia y con la otra se sostiene el péndulo, el cual oscilará de distintas maneras según las corrientes magnéticas que reciba a través del cuerpo. Como detalla su biógrafo Roger Larnaudie en su libro *La vida sobrehumana de Samuel Hahnemann*, éste creía además en la quiromancia —adivinación por las líneas de la mano—, y expone sus teorías al respecto en una tesis suya titulada *La curiosa formación de la mano*.[13]

En 1988, un investigador francés, Jacques Benveniste, del prestigiado Instituto Nacional de la Salud, de Francia, y a encargo de unos laboratorios homeopáticos, aseguró haber descubierto que altas diluciones de sustancias en agua dejaban en la misma una memoria, lo que le proporcionaría una justificación a la homeopatía. Publicó sus hallazgos en la revista *Nature*. Una investigación posterior, solicitada por esta revista y encabezada por James Randi, determinó que Benveniste

---

13. Larnaudie, Roger, *La vida sobrehumana de Samuel Hahnemann*, Aldape Barrera-Costa Amic, México, 1972.

no había realizado correctamente sus pruebas y que había ocultado resultados desfavorables a su hipótesis. Benveniste acabó siendo suspendido del mencionado Instituto.[14]

14. González de Alba, Luis, "La Ciencia en la Calle. El affaire Benveniste y la homeopatía", *La Jornada*, México, 31 de marzo de 1989.
-Sladek, John, *The New Apocrypha*, Granada Publishing, G.B., 1978.
-Butler, Kurt, *A Consumer Guide to "Alternative Medicine"*, Prometheus Books, Buffalo, Nue-vaYork, 1992.

12

La homeopatía en el laboratorio

Ninguna diferencia fue encontrada entre el placebo y el tratamiento homeopático, mientras que el fármaco resultó claramente eficaz en la reducción del dolor.

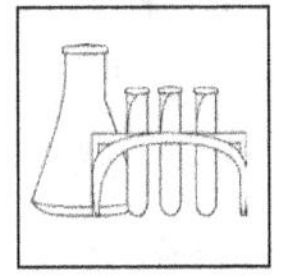

La prestigiosa revista médica *Lancet*[15] publicó un artículo en el que presentaba un "meta-análisis" de los fármacos homeopáticos. A pesar de que los autores del artículo se mostraron muy cautos sobre los engañosos resultados, los seguidores de la homeopatía han disfrutado ampliamente de la resonancia publicitaria que les ha proporcionado la publicación de un trabajo sobre el tema

15. Vol. 350, 1997.

en una revista tan prestigiosa, y han tergiversado por completo la información del artículo, contribuyendo a crear confusión en torno a la validez de la homeopatía. El italiano Gianccarlo Lancini, catedrático de química farmacéutica de la Universidad de Pavía, llevó a cabo una revisión a fondo de lo publicado, que dio a conocer en la revista *La chimica e l'industria*,[16] y encontró fallas muy reveladoras en la argumentación del artículo de *Lancet*. Por cierto, esta revista ha publicado con imparcialidad una serie de artículos muy reveladores sobre las llamadas medicinas alternativas, con el objeto sobre todo de disipar la conseja, divulgada por los seguidores de esas disciplinas, de que el aparato médico ortodoxo les cierra las puertas.

El artículo de *Lancet* propone un supuesto enfoque meta-analítico con el que se intentó validar estadísticamente el resultado de 89 estudios clínicos en los que se comparó el efecto de tratamientos homeopáticos con el de placebos proporcionados a grupos de control de pacientes con el mismo malestar. No hay que olvidar que el placebo viene a ser en este caso una sustancia sin ningún efecto terapéutico. Los autores concluyeron que sí existe una diferencia significativa a favor del tratamiento homeopático, suficiente como para justificar indagaciones clínicas ulteriores.

La crítica principal al estudio que hace Lancini reside en que un "meta-análisis", que es la validación estadística comprensiva del resultado de una serie de experimentos clínicos, sólo tiene sentido si los experimentos son homogéneos; es decir, que traten de medir la eficacia de un determinado fármaco en el tratamiento de una determinada patología. No tiene ningún sentido calcular la media entre los resultados obtenidos con cincuenta productos distintos, que se prueban en su efectividad en unas setenta diversas enfermedades, distribuidas en veinticuatro categorías clínicas. Ello equivale, por ejemplo, a que

16. Septiembre de 1998.

los resultados obtenidos con dos fármacos distintos —uno con alguna eficacia contra la fiebre del heno y el otro absolutamente ineficaz contra los dolores del parto—, se consideren en conjunto y se concluya que estadísticamente sí se detecta un cierto efecto clínico.

Roberto Satolli señala en la revista *Sapere*,[17] que *Lancet* ha sido criticada por haber publicado artículos sobre homeopatía sin rigor científico. Ello se explica, según algunos, sobre todo porque la familia real británica, y en especial el príncipe Carlos, son creyentes firmes en los remedios homeopáticos, y Carlos tiene influencia en el otorgamiento de muchos recursos caritativos, destinados a financiar investigación médica.

En este caso, bajo un manto de seriedad y de rigor extremo, se puede adivinar una actitud tendenciosa de los autores. Se pudo notar así, por ejemplo, que el principal autor del estudio es el doctor Wayne B. Jonas, quien apoya la homeopatía por razones profesionales, en su calidad de director de la Oficina de Medicinas Alternativas —la OAM— del estadounidense Instituto Nacional de Salud (National Institutes of Health), financiado por el Congreso de EE.UU. Es interesante notar que últimamente, empleando los mismos métodos, la OAM ha convalidado la acupuntura, otra práctica por lo menos controversial.

Sin embargo, para Lancini, el artículo de *Lancet* resulta, por ciertos detalles, muy interesante. Lo enriquecen gran cantidad de datos recolectados por los autores, una rica bibliografía, así como algunos comentarios y observaciones afortunados. Le impresionó en especial la frase inicial del párrafo titulado "Discusión":

Los resultados de nuestro meta-análisis no son compatibles con la hipótesis de que los efectos clínicos de la homeopatía se deben por completo al efecto placebo. Pero no hay evidencia suficiente en estos estudios que muestre

17. Agosto de 1998.

que cualquier tipo de tratamiento homeopático sea claramente eficaz en cualquier condición clínica.

La primera afirmación es el motivo de la crítica que hace Lancini: no abunda por el momento en la discusión sobre el enfoque ideológico de la homeopatía. En lugar de eso, y ello debería interesar tanto a los médicos como a las autoridades sanitarias, y sobre todo a los pacientes, asombran las implicaciones de esa segunda conclusión del estudio. Mas allá del lenguaje evasivo usado, se revela que no está demostrada la eficacia clínica de cualquier tratamiento homeopático específico ante cualquier condición clínica específica. Si se toma en cuenta que tal aserto se basa en el examen de todos los estudios clínicos publicados —y en gran parte organizados— por médicos homeópatas, diseñados además con el fin de convalidar la teoría homeopática, y que se trata en algunos casos de estudios rigurosos sobre un relevante número de pacientes, no se puede sino concluir que ningún remedio homeopático de los estudiados es utilizable como fármaco.

Para explicar la aparente contradicción entre los resultados, que por un lado indican en algunos casos una diferencia estadística entre el placebo y el tratamiento homeopático, y en esos mismos casos la ausencia de una total eficacia clínica, se hace necesario analizar los trabajos utilizados en el meta-análisis. Para ello se valió Lancini de la amplia bibliografía citada en el artículo, aunque no pudo rastrear todos los trabajos originales, ya que muchos fueron publicados en revistas oscuras, casi inaccesibles, como *Ber. J. Res. Hom. Allg. Homoepath. Ztg*, y otros eran simples tesis profesionales. Como se podría esperar, la razón de la aparente contradicción se halla en el hecho de que las diferencias consideradas como significativas desde el punto de vista estadístico resultaban poco importantes clínicamente, ya sea porque tenían que ver con aspectos marginales de la enfermedad, o bien porque ocurrían en un muy pequeño porcentaje de pacientes.

Por otro lado, también se han notado variaciones importantes en la respuesta de los pacientes según el tipo de placebos que se les administraban. Se ha visto por ejemplo que un placebo en una cápsula verde se percibe como un sedante más eficaz que otro, igual de inerte, presentado en una cápsula amarilla.

En un estudio, considerado en el meta-análisis como uno de los más rigurosos y favorables a la homeopatía, el doctor Reilly, de Glasgow,[18] ha comparado el efecto de un alergénico, diluido 1 a 99, treinta veces (para una dilución final de cerca de 1 a 10^{60}), contra el de un placebo sobre 28 pacientes de asma alérgico. A través de la revisión de varios parámetros considerados, la validación subjetiva del propio bienestar de los pacientes, en promedio resultaba favorable al tratamiento homeopático, y la diferencia sí era estadísticamente significativa. Pero sólo en uno de tres parámetros medidos cuantitativamente sobre la capacidad respiratoria fue significativa la diferencia entre ambos grupos. No hubo ninguna diferencia relevante entre los otros parámetros medidos. La conclusión triunfalista del doctor Reilly —demostrar que la homeopatía difiere del placebo de una manera inexplicable pero reproducible— fue duramente criticada por el doctor Rothwell, de Edimburgo,[19] quien puso de relieve diversas fallas del experimento, como el reducido número de pacientes y el hecho de que sólo dos parámetros, sobre los once medidos, mostraron una diferencia significativa. Pero más importante, según Lancini, resulta la observación de que si en lugar del promedio examinamos los datos de los pacientes específicos, la mayor diferencia encontrada, o sea la de la autoevaluación del alivio experimentado, se debía al empeoramiento de las condiciones de cuatro pacientes tratados con placebo y a una sensible mejoría de un solo sujeto tratado con métodos homeopáticos.

18. *Lancet*, vol. 341, 1994.
19. *Lancet*, vol. 345, 1995.

De hecho, este tratamiento sólo demostró mejorar claramente, dentro de este parámetro, a un único paciente entre los doce tratados. Es evidente que el tratamiento en cuestión no podía ser juzgado así clínicamente eficaz. A esta objeción contestó el doctor Enrico Felisi[20] sosteniendo que el intento declarado de Reilly no era el de probar la eficacia clínica del tratamiento, sino la diferencia que existe entre los efectos de la homeopatía y los del placebo. Esto está muy bien, concluye Lancini, siempre que un homeópata no vaya después a recetar este mismo tratamiento a los pacientes de asma alérgica, en lugar de recetarles un probado y eficaz broncodilatador.

En un ejemplo más, J. Ferley y otros colaboradores han estudiado, en la *British Journal of Clinical Pharmacology*,[21] el efecto de un fármaco homeopático, ya a la venta, sobre los síntomas de la influenza, o gripe severa, en comparación con los de un placebo. El experimento clínico fue amplio, ya que incluía a casi 500 pacientes y a una veintena de médicos. El parámetro determinado fue la duración de la enfermedad, medida en días con fiebre. Los autores concluyeron que el tratamiento homeopático aparentaba ser superior al placebo, por cuanto después de 48 horas, 39 pacientes del grupo tratado se hallaban ya sin fiebre, en contra de 24 del grupo del placebo. La diferencia está en el límite de la significancia estadística, pero si se considera que de los 237 pacientes a los que se les suministraba el tratamiento sólo habían sanado 15 (39 - 24) adicionales a los del grupo de control, no había por qué ponderar el dato con mucho entusiasmo. La escasa o nula eficacia de este tratamiento se hace aún más evidente si se considera la frecuencia de curaciones en los días posteriores. Después de cuatro días, alrededor del 50% de los pacientes de cada uno de los grupos, todavía tenían fiebre, y al sexto día esa cantidad se redujo al 25%, también en los dos grupos.

20. *Sapere*, agosto de 1995.
21. Núm. 27, 1989.

Otro aspecto relevante es el de la replicabilidad de los resultados. Un fármaco puede ser considerado terapéuticamente válido sólo si se demuestra una cierta constancia en los resultados de experimentos clínicos repetidos. Al analizar los trabajos publicados para el estudio de *Lancet*, se puede apreciar todo lo contrario. Por ejemplo, cuatro estudios (tres de los cuales fueron clasificados como de calidad mediocre por los autores del meta-análisis) habían dado resultados variables, aunque marginalmente favorables al tratamiento homeopático posterior a una operación en el íleon —por oclusión en el intestino delgado—. El parámetro medido aquí fue el tiempo entre la operación y la reanudación de las funciones intestinales, y el tratamiento fue esencialmente a base de opio diluido a distintas proporciones homeopáticas. Para dirimir la cuestión, el Ministerio de Asuntos Sociales francés instituyó una comisión mixta, en la que participaron médicos homeópatas y convencionales, para organizar un experimento muy riguroso, conducido sobre trescientos pacientes. El resultado[22] demostró muy claramente que no existía ninguna diferencia entre el placebo y el tra-tamiento con opio, o con opio con rábano, diluido lógicamente según los cánones homeopáticos, hasta el extremo de no dejar ya en el medi-camento aplicado ni una molécula de la sustancia original.

Para Lancini, seguir con los ejemplos resulta ocioso, sólo cita otro trabajo que permite introducir un argumento distinto. El doctor Shapley, de Londres, en colaboración con médicos de dos hospitales homeopáticos ingleses, ha conducido un riguroso experimento clínico sobre el dolor de la osteoartritis, comparando el efecto del *Rhus tox 6X* (un remedio homeopático que consiste en la toxina del *Rhus toxicodendron* diluida un millón de veces), con el de un placebo; pero, además, se le comparó en este caso también con el efecto de un

22. *Lancet*, 5 de marzo de 1988.

conocido fármaco, el Fenoprofén.[23] Ninguna diferencia fue encontrada entre el placebo y el tratamiento homeopático, mientras que el fármaco resultó claramente eficaz en la reducción del dolor. Este caso es el único entre los citados en el meta-análisis, en el cual el tratamiento homeopático es confrontado, además del placebo, con un fármaco de la medicina convencional. Lancini resalta este punto, ya que hoy, en los países civilizados, con el fin de que se acepte en la práctica clínica un fármaco, éste debe demostrar no sólo tener efectos distintos a los del placebo, sino ser al menos equivalente en cuanto a eficacia y tolerabilidad, a los fármacos en uso (en los países más estrictos, en realidad no basta la equivalencia, se requiere alguna ventaja). La demostración de equivalencia no se dio, y ni siquiera se intentó aquí, con ninguno de los demás tratamientos homeopáticos examinados, pues el resultado habría sido desastroso para ellos.

Los autores del famoso meta-análisis de *Lancet* se dan cuenta, dentro de ciertos límites, de esta falla. Una de las frases concluyentes del artículo es particularmente interesante: "Nuestro estudio no tiene mayores implicaciones para la práctica clínica porque encontramos escasa evidencia de la efectividad de cualquier enfoque homeopático específico sobre cualquier condición clínica". Pero Lancini no está de acuerdo en esto y afirma que "por el contrario, el estudio sí tiene implicaciones notables para la práctica clínica: al reconocer la falta de eficacia de todos los tratamientos homeopáticos examinados, este trabajo viene a proporcionar una clarísima indicación a los médicos, sean homeópatas o convencionales, de que dichos tratamientos no deben ser recetados, si no se desea engañar, en lugar de curar, al paciente".

23. *Lancet*, 1° de enero de 1983.

13

El cartílago de tiburón

Después del análisis de 47 pacientes que emplearon el cartílago de tiburón como tratamiento, se concluyó que no se presentó en el grupo ninguna remisión ni completa ni parcial.

La búsqueda inacabable de una cura rápida, efectiva y segura contra el cáncer y otras enfermedades degenerativas, o relacionadas con un mal funcionamiento del sistema inmunológico, ha propiciado que una serie de charlatanes se dediquen a comercializar productos que supuestamente acaban con dichas enfermedades. Entre éstos están los que proponen la ingestión de cartílago de tiburón para curar el cáncer y otros padecimientos graves.

El doctor William Lane, nutriólogo estadounidense, es el principal promotor de las supuestas propiedades terapéuticas del extracto de cartílago de tiburón. En su libro *Los tiburones no se enferman de cáncer*, presenta una amplia y optimista exposición sobre la posibilidad de frenar o detener la proliferación neoplásica a través del suministro de factores antiangiogenéticos, y que supuestamente abundan en el cartílago del escualo. De este hecho se deriva la creencia de que el cartílago actúa contra los tumores, ya que éstos no pueden crecer sin que el organismo los mantenga adecuadamente alimentados de sangre rica en oxígeno y nutrientes, a través de una compleja red de nuevos vasos capilares que los tumores hacen que el organismo forme en su entorno.

En febrero de 1993, un programa de la CBS (Columbia Broadcasting System) estadounidense dio a conocer los supuestos éxitos obtenidos con cartílago de tiburón sobre un grupo de pacientes cubanos afectados con tumores avanzados. En 1995, un equipo de investigadores estadounidenses de la *Cancer Treatment Research Foundation*, coordinado por el doctor Dennis Miller, decidieron verificar la eficacia y también la eventual toxicidad del cartílago de tiburón a través de un estudio de dos fases.

Seleccionaron así a 60 enfermos afectados de cáncer del seno, del colon, del recto, del pulmón, de la próstata y de otras zonas, y con una expectativa de vida de por lo menos tres meses, durante los que el cartílago de tiburón se empleó como única terapia antitumoral. Al final de 12 semanas de tratamiento, con la dosis recomendada de un gramo por kilogramo de peso subdividida en tres aplicaciones por día en 47 pacientes, se hizo una validación de resultados los cuales revelaron que no se presentó en el grupo ninguna remisión ni completa ni parcial. Cinco enfermos tuvieron que interrumpir el consumo del remedio ante la aparición de indicios de intoxicación gastrointestinal; cinco más fallecieron, y en 27 se mostró un avance claro de la enfermedad. Fue incierta la reacción en un grupo de diez pacientes, los que se man-tuvieron en condiciones clínicas estables en el curso de los tres meses del tratamiento. Concluye Miller que "estos resultados son similares a los obtenidos en pacientes con neoplasias avanzadas, que han sido tratados exclusivamente con medicamentos de apoyo —contra el dolor— o con placebos".[24]

Hay que agregar que William Lane y sus partidarios han rechazado los resultados del estudio, y atribuyen la falta de éxito a la supuesta "inercia del investigador", aunque sin dar pruebas de cómo éstos pudieron haber interferido negativamente con la investigación. Se supone que los escualos gozan de una gran longevidad y que nunca se enferman de cáncer, pero en realidad se ha visto que los tiburones viven un plazo proporcional a su dimensión y masa, y el propio Lane en un nuevo prefacio a su libro ha admitido que "los tiburones no siempre son inmunes al cáncer".

Respecto a la supuesta efectividad del cartílago de tiburón contra la artritis reumatoide y otras variedades de dicha afección, cabe hacer notar que con el fin de justificar la existencia de esa propiedad curativa, ni siquiera se alega una razón científica, como sucede con el cáncer —para el que se asegura que el cartílago tiene angiostatina o endostati-na, inhibidores conocidos del crecimiento de los vasos sanguíneos—. Con la artritis se usa un argumento más bien de índole mágica, según el cual, como los tiburones tienen un esqueleto de cartílago regenerable, el consumo de éste por las personas haría que también se regenerase el cartílago humano afectado por la artritis reumatoide, una lógica más digna de un chamán que de un médico científico, tratándose además de una afirmación de la que no existe ninguna evidencia clínica.

---

24. Los resultados de la investigación de Miller se publicaron en el *Journal of Clinical Oncology*, 1995 y en *Tempo Medico*, 3 de diciembre de 1999.

14

¿Daña la medicina?

La ciencia ha ayudado a la salud, pero no existe una actitud favorable para la ciencia en la sociedad. Surge el peligro de que caigamos en una nueva Edad Media.

En gran parte se ha perdido la noción del verdadero impacto que ha tenido la medicina científica en nuestra vida cotidiana. Lo más importante sin duda es la desaparición del espectro de la muerte temprana de algún familiar en la mayoría de los hogares. Muchos de los que vivieron su niñez antes de 1940 recuerdan que el fallecimiento prematuro de hermanos y hermanas era algo común. En mi caso personal, tanto mi padre como mi madre perdieron hermanos de corta edad cuando eran niños. Mi abuelo paterno falleció de pulmonía en 1929, dejando a mi padre huérfano de 7 años. La muerte era la constante en todas las familias, y ahora casi ya no ocurre eso. La medicina científica ha alterado radicalmente nuestras vidas. La mayoría llevamos la cicatriz de la vacuna contra la viruela —los hombres en el brazo, las mujeres en la pierna—, una enfermedad que ha sido erradicada por completo, como también ha ocurrido con la poliomielitis.

En 1951 no se podía ir al cine en verano en la ciudad de México. Los niños tenían prohibida la entrada a salas de espectáculos, para protegerlos de la polio. La medicina ha modificado la vida hasta en los estratos más pobres de nuestra sociedad, creando desde luego otros problemas, y dejando que afloren otras enfermedades que en la actualidad atacan a los supervivientes y que antes casi no figuraban. El combate de la medicina ahora va contra estos males. No obstante, este impacto no es apreciado. Algunos charlatanes, como uno que se hace llamar Shaya Michán, aseguran que la medicina moderna causa daños. Horas y horas repiten este embuste por la radio y la gente se lo cree. Se pondera la supuesta sabiduría médica tradicional de Oriente y de otros lugares, sin tomar en cuenta que los indicadores demográficos de salud de esos países, antes de la llegada de la medicina occidental, eran desastrosos. La esperanza de vida en China y en la India era, en la primera mitad de este siglo, de menos de 50 años. A pesar de ello, miles de personas juran que la medicina ayurvédica, por dar un ejemplo, es la clave para una salud a toda prueba y les pagan verdaderas fortunas a charlatanes internacionales, como el indostano Deepak Chopra. Lo importante de la medicina científica es que permitió conocer las causas de la enfermedad. No se trata de una simple opinión más; no es una escuela de pensamiento entre muchas otras, o una visión mística inspirada de un individuo que vivió hace cientos de años. Se trata de una descripción verificable de los hechos que rodean a la pérdida y a la recuperación de la salud. Costó trabajo entender qué es lo que quebranta la salud humana, y para ello tuvo que intervenir el descubrimiento del método científico. El obstetra austriaco Ignatz Semmelweiss, quien fue director del Hospital Central de Viena, descubrió en 1852 que la falta de higiene causaba muchas muertes entre las mujeres parturientas; y más cuando eran atendidas por médicos que llegaban de la sala de disecciones, donde manejaban cadáveres; en cambio, las parturientas atendidas por comadronas, que no tocaban cadáveres, tenían una mayor tasa de supervivencia. Semmelweiss descubrió que algo en la materia cadavérica causaba la muerte de las mujeres, y que lavándose las manos se evitaba casi totalmente la infección. La ciencia ha ayudado a la salud, pero no existe una actitud favorable para la ciencia en la sociedad. De aquí surge el peligro de que la actitud científica se pierda y caigamos en una nueva Edad Media.

15

Terapias mortales

Estas prácticas recurren a los impulsos autodestructivos y de autocastigo que afectan a algunas personas, quienes sienten que la enfermedad es culpa de ellas y que sólo pueden curarse con un sacrificio doloroso y desagradable.

El pensamiento mágico, la ignorancia y la codicia producen combinaciones mortales por la desesperación que causan la enfermedad y el dolor humanos. En el umbral del siglo XXI, la mayor parte de las personas sigue siendo presa fácil de la charlatanería médica, que emplea en su favor artimañas psicológicas basadas en nuestros más inexplicables instintos, inclinaciones y temores no conscientes; y hasta se disfraza con ropajes de la mayor respetabilidad, aprovechando la ignorancia de la sociedad en general en cuanto a las causas reales de las enfermedades.

Dos ejemplos en boga demuestran cómo, hasta las terapias más irracionales y ostensiblemente inútiles o dañinas, pueden ser aceptadas por grandes grupos sociales, por el simple hecho de que nadie les advierte de los peligros que implican, ni de las absurdas bases teóricas que supuestamente las respaldan, pero también porque sus proponentes gozan de un acceso total a los medios masivos de comunicación, sin que nadie les pueda exigir cuentas. El caso más notable en este sentido es el de una superstición muy peligrosa llamada *orinoterapia*, que consiste en que las personas ingieran su propia orina con el supuesto fin de curarse de los males más diversos, práctica que proponen curanderos naturistas, como el ya mencionado Shaya Michán.[25]

La orinoterapia carece de cualquier base o explicación teórica o fisiológica. Se trata de una creencia mística de la India, con raíces en el hinduismo, que se acomoda en la llamada medicina ayurvédica —dentro de la cual se denomina *amaroli*— y que le asigna "poderes limpiadores" mágicos a la orina. Aseguran que sana el sida, la artritis, el herpes, la lepra y muchos otros males, que desde luego no tienen ninguna relación entre sí y se derivan de causas muy distintas, por lo que sus respectivas curas tienen que ser diferentes. La orina contiene sustancias de desecho que con gran cuidado elimina el cuerpo humano a través de los riñones. Los mismos partidiarios de esta práctica en los Estados Unidos[26] señalan que tiene efectos secundarios nocivos, como náuseas, migrañas, forúnculos en la piel, urticaria, espinillas, palpitaciones, diarrea, ansiedad y fiebre. Lo que omiten es que puede causar la muerte en personas con insuficiencia renal: ¡y aún así la llaman "un regalo de Dios para tu crecimiento espiritual y bienestar físico"!

25. Raso, Jack, *Alternative Healthcare. A Comprehensive Guide*, Prometheus Books, Buffalo, Nueva York.
26. Barnett y Adelman, 1987.

La teoría ayurvédica también recomienda el consumo de heces fecales de cabra contra la indigestión. Estas prácticas recurren a los impulsos autodestructivos y de autocastigo que afectan a algunas personas, quienes sienten que la enfermedad es culpa de ellas y que sólo puede curarse con un sacrificio propiciatorio muy doloroso y desagradable. "Remedio que no es amargo, no es efectivo", se decía en el siglo XIX.

Otra práctica en boga, supuestamente curativa, se va al otro extremo del gusto civilizado; se trata de la medicina o terapia floral del doctor Edward Bach, creada en los años treinta por ese médico homeópata inglés, y ahora resucitada en México por algunos negociantes argentinos. Según esta doctrina, todas las enfermedades pueden aliviarse tomando extractos de diversas flores, que se expenden en pequeños frascos goteros. Los síntomas externos y malestares físicos de todas las enfermedades son causados por estados emocionales negativos, que se remedian al ingerir las esencias florales. El temor, la incertidumbre, la apatía, la soledad, el abatimiento y hasta la preocupación excesiva por el bienestar ajeno causan todas las enfermedades conocidas. Señala Bach, en su libro *Cúrate a ti mismo*, que "nunca se erradicará ni se curará la enfermedad con los actuales métodos materialistas, por la sencilla razón de que la enfermedad no es material en su origen. La enfermedad es en esencia el resultado de un conflicto entre el alma y la mente y no se erradicará a no ser con un esfuerzo espiritual y mental", y agrega también que la "enfermedad, en apariencia tan cruel, es en sí beneficiosa, y existe por nuestro bien y, si se le interpreta correctamente, nos guiará para corregir nuestros defectos esenciales. El sufrimiento es un correctivo y no puede erradicarse hasta que no se aprende la lección". Ante la pregunta de por qué los niños se enferman, Bach aclara que en su caso dicha lección corrige errores cometidos en otras vidas.

Concluye: "La abolición de la enfermedad dependerá de que la humanidad descubra la verdad de las leyes inalterables de nuestro

Universo, y de que se adapte con humildad y obediencia a esas leyes, trayendo la paz entre su alma y su ser y recobrando la verdadera alegría y felicidad de la vida."

El hecho de que se hayan identificado las causas materiales de la mayoría de las enfermedades y de que muchas de ellas, como la viruela y la poliomielitis, han sido casi erradicadas de todo el mundo por la medicina moderna, no arredra a los partidiarios de esta peregrina teoría. El común denominador de estas creencias es su fascinación con el sufrimiento humano, y la orinoterapia lo propicia directamente al fomentar la pérdida de autoestima, mientras la terapia floral elogia la enfermedad y el dolor, y les encuentra méritos larvados, permitiendo que las personas los acepten como un castigo divino y no traten de combatir sus males por medios racionales.

El doctor Fernando Saraví,[27] de la Universidad de Mendoza, en Argentina, concluye en un estudio sobre la terapia floral:

> El sistema del doctor Bach consiste en una mezcolanza de doctrinas gnósticas, budistas e hinduistas con sólo una pizca de cristianismo para volverlo digerible al gusto occidental. Los remedios florales carecen de convalidación científica y su probable inocuidad no debe hacernos olvidar de las doctrinas que se esconden detrás de la inocencia de las flores.

Lo más preocupante es el grado de indefensión en que se encuentra el consumidor mexicano, al que se le protege contra la publicidad fraudulenta en bienes y servicios, pero se le deja a la merced de los estafadores en cuestiones de salud.

---

27. Saraví, Fernando, "Dígalo con flores", *El ojo escéptico*, año 2, núm. 5, Buenos Aires, 1992.

16

La inutilidad del germanio

El minero japonés Kazuhiko Asai encontró que su medicamento hecho con germanio podía curar a los animales ¡de todas las enfermedades!

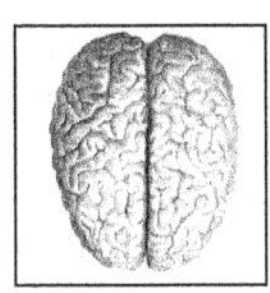

Multitud de mexicanos se automedican con uno de los remedios charlatanescos más caros y desprestigiados que se conocen: el germanio. Se trata de un elemento de la familia del carbono que se ha usado desde hace mucho tiempo en electrónica y en la industria aeroespacial. En vista de que muchos elementos vestigiales resultan ser también nutrientes, toxinas o las dos cosas, no debe sorprendernos que el interés por los efectos biológicos del germanio haya surgido hace ya bastantes décadas. En los años veinte, se probó el bióxido de germanio como un posible remedio contra la anemia y contra infecciones sistemáticas, pero se encontró que era ineficaz. Más tarde se comprobó que resultaba tóxico para los riñones, si se ingería por largos periodos. Todo indica que el germanio no tiene ningún papel en la nutrición ni en el metabolismo normales.

La investigación actual sobre el germanio se ha enfocado en torno de un conjunto de compuestos orgánicos del elemento, algunos de los cuales se encuentran en las plantas y otros pueden ser sintetizados en el laboratorio. Dos o tres de estos compuestos han mostrado efectos antitumorales en ratones, pero hasta la fecha las pruebas en humanos han dado resultados negativos. La mayoría de los investigadores del cáncer no lo consideran importante como para incluirlo en sus trabajos.

Pero los resultados negativos en los estudios clínicos nunca han arredrado a los charlatanes o a los fanáticos. Aunque no hay evidencia para apoyar sus afirmaciones, varias formas de germanio orgánico se promueven ahora como un preventivo o cura contra cáncer, sida, osteoporosis, cardiopatías, alergias, enfermedades del hígado, artritis, fatiga crónica, desarreglos sexuales, desórdenes nerviosos o cerebrales e infecciones. Se asegura que el germanio puede conferir inmunidad contra enfermedades infecciosas, como la influenza y la rubéola, que ayuda a reducir los niveles elevados de colesterol y que hasta puede prevenir algunos defectos congénitos. Según algunos, los malestares de la menstruación se controlan colocando tabletas de germanio en la ropa interior femenina; y los dolores de cabeza, fijando con curitas esas tabletas en los puntos tradicionales de la acupuntura. El germanio se ha calificado como un "electronutriente" que "optimiza la fuerza vital" y actúa como un "adaptógeno" que "refuerza la capacidad del cuerpo para hacerle frente a la tensión y a todos los retos y ataques". Resultaría más fácil citar las enfermedades que la sustancia maravillosa no cura que las centenares que según sus partidarios sí alivia. El germanio se vende al mayoreo en unos dos dólares por gramo en el mercado internacional, pero ya al menudeo su precio sube a unos 10 dólares o hasta 400 dólares por gramo, dependiendo de cómo están hechas las píldoras, en qué empaque vienen y otros factores. Una persona podría gastar hasta 20 dólares al día para satisfacer las dosis recomendadas. El germanio se promueve en la prensa amarillista, y sus anuncios piden grandes cantidades para lograr el suministro de apenas el primer mes.

Un minero y metalurgista japonés, Kazuhiko Asai, encontró germanio en el carbón e inventó un proceso extractivo. Aseguraba que su interés en la minería fue resultado de la "acción de alguna inevitabilidad sobrenatural", enviada por una voluntad más elevada que la suya. Logró sintetizar su primer compuesto en 1967, pero más tarde aseguró que le había sido entregado por "intervención divina". El compuesto era el sesquióxido de germanio orgánico, soluble en agua, al que Asai llamó Ge-132. Asevera que lo probó él mismo y que lo curó de un reumatismo complicado con artritis. Dice también que realizó pruebas con animales y encontró que su medicamento maravilloso podía curar a todos los animales ¡de todas las enfermedades! Afirma que la droga funciona porque todas las enfermedades son causadas por la falta de oxígeno, y el germanio sí lleva el oxígeno que se necesita a las células. Convencido de que había descubierto la panacea final, Asai fundó la Clínica del Germanio Orgánico, cerca de Tokio, donde todo era tratado con germanio.

En algún momento, Asai debe haberse dado cuenta de que la ingesta de germanio no siempre va seguida de una recuperación del paciente, por lo que postuló que el paciente debía cumplir tres condiciones para que la medicina funcionara: creer firmemente que va a funcionar, no estar sujeto a ningún tipo de tensión mental y seguir una dieta balanceada. Cuando el germanio no funciona, Asai arguye que no se está cumpliendo alguna de esas condiciones.

Las medicinas reales trabajan aun en ausencia de toda fe de parte del paciente y a pesar de la tensión. De hecho, la independencia total respecto de la fe, comprobada por estudios doble-ciego, es lo que define a un fármaco efectivo.

Asai no tenía ninguna formación médica o en nutrición, sólo una obsesión en el germanio. Murió en 1984, a la edad de 76 años. Su cura maravillosa no le proporcionó una vida más larga de lo que indica el promedio en Japón. Es más, tal vez haya acortado su existencia, ya que murió de una úlcera hemorrágica que sólo trató con un compuesto de germanio en lugar de seguir una terapia moderna, la cual es, en este caso, bastante efectiva. ¿Cuántas otras víctimas habrá causado su peculiar falacia? Nadie lo sabe. El caso es que en 1988 la administración estadounidense de fármacos y alimentos prohibió la importación de germanio a Estados Unidos, ya que las campañas mercantiles lo convertían en una droga medicinal no probada ante la ley.

17

Cuestionamiento a la quiropráctica

Los quiroprácticos niegan la existencia de la acción patógena de los gérmenes y reprueban el uso de los medicamentos en el tratamiento de cualquier enfermedad.

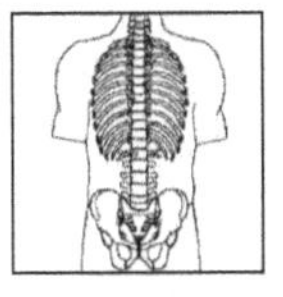

Para Martin Gardner, escritor científico, investigador sobre pseudociencias y autor del magnífico libro *Fads and Fallacies in the Name of Science*[28] (Fraudes y falacias en nombre de la ciencia), la quiropráctica es la charlatanería médica más exitosa y extendida de todas las que han surgido en Estados Unidos. Todavía hoy, a más de cien años de su invención, actúan alrededor de veinte mil practicantes

28. Dover, Nueva York, 1957.

o terapeutas por todo el mundo. Los quiroprácticos se siguen anunciando como representantes de una rama de la medicina científica.

Al igual que la osteopatía, su antecesora y modelo, la quiropráctica afirma que la causa de todos los desarreglos, enfermedades y malestares que sufre el organismo humano reside en la presencia de pequeños desajustes o "subluxaciones" en las distintas vértebras de la espina dorsal. Niegan la existencia de la acción patógena de los gérmenes y reprueban el uso de los medicamentos en el tratamiento de cualquier enfermedad. Los quiroprácticos tratan todo malestar ajustando manualmente las llamadas subluxaciones espinales.

Origen

El fundador de esta doctrina fue Daniel D. Palmer, abarrotero y vendedor de pescado en Davenport, Iowa, Estados Unidos. En 1895 descubrió que podía curar a las personas mediante "magnetismo animal", así es que cerró su tienda y por diez años practicó la curación magnética. Un día hizo un "descubrimiento" importantísimo. Según narra su hijo y continuador, un caballero de nombre Harvey Lillard llegó a tratarse de un ataque de sordera. El paciente afirmó que se había quedado sordo después de que algo le tronó en su espalda. D. D. Palmer descubrió una gran subluxación en su columna vertebral y dedujo que si lograba reducirla, la sordera desaparecería. Así es que hizo desaparecer la bola en la espalda y en diez minutos Harvey podía oír otra vez.

Gardner sospecha que este relato es una leyenda. En realidad, D. D. Palmer copió la noción de subluxaciones de la osteopatía, otro culto pseudomédico inventado en 1874 por Andrew T. Still.

No obstante, quien convirtió a la quiropráctica en un gran negocio fue el propio B. J. Palmer, el hijo del fundador, el cual, a pesar de sólo haber estudiado la primaria, fundó la primera escuela quiropráctica allá en Davenport.

Contradicciones

En la actualidad existen cientos de escuelas quiroprácticas en Estados Unidos, las que en 18 meses producen a un verdadero experto en la materia. Las teorías y métodos enseñados varían enormemente. Según B. J. Palmer, la difteria es causada por la subluxación de la sexta vértebra dorsal, aunque según la escuela quiropráctica de Chicago, la difteria debe tratarse manipulando la tercera, quinta y séptima vértebras cervicales, algunas dorsales y uno que otro nervio craneal.

Para Palmer, la escarlatina se trata ajustando la sexta y la duodécima vértebra dorsal. Otros discípulos recomiendan, para esta enfermedad, ajustar desde la segunda hasta la quinta vértebra cervical.

Gardner recomienda a los devotos de la quiropráctica efectuar la siguiente prueba con sus terapeutas: visite a un practicante quiropráctico y menciónele algunos síntomas. Después, apréndase de memoria las subluxaciones que le detecta el terapeuta. No permita que le dé tratamiento y vaya usted a ver a otro quiropráctico; dígale otros síntomas y vea si encuentra las mismas subluxaciones. Si no las detecta, visite a otro y continúe así hasta que, al fin, le den un diagnóstico idéntico al primero.

Según Gardner, este experimento le hará gastar mucho tiempo y dinero; pero demostrará que ningún quiropráctico puede detectar ni una sola verdadera subluxación.

Al parecer, las mencionadas subluxaciones sólo existen en la mente de los quiroprácticos. Desde luego, ningún médico serio ha podido detectar una sola de las supuestamente abundantes subluxaciones.

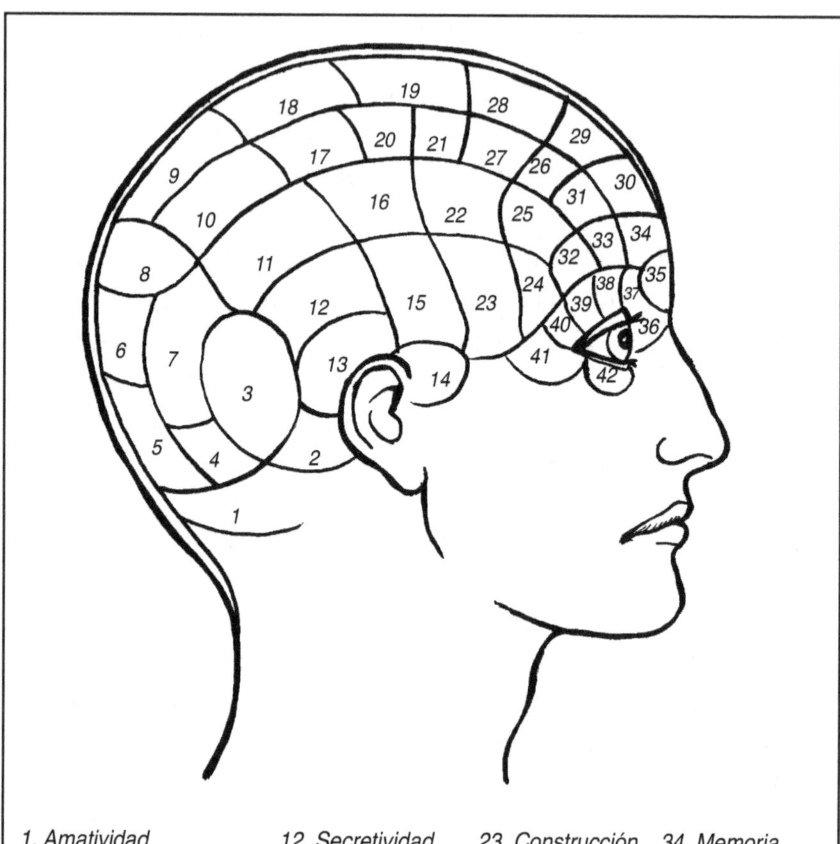

1. Amatividad
2. Antipatía
3. Combatividad
4. Amor
5. Progenitividad filosófica
6. Inhibición
7. Amistad
8. Continuidad
9. Autoestima
10. Aprobatividad
11. Cuidado
12. Secretividad
13. Destructividad
14. Alimentatividad
15. Adquisividad
16. Sublimidad
17. Conciencia
18. Firmeza
19. Veneración
20. Esperanza
21. Espíritu
22. Idealidad
23. Construcción
24. Tono
25. Regocijo
26. Suavidad
27. Imitación
28. Benevolencia
29. Humildad
30. Compasión
31. Causalidad
32. Tiempo
33. Localidad
34. Memoria
35. Individualidad
36. Forma
37. Talla
38. Peso
39. Color
40. Orden
41. Cálculo
42. Lenguaje

Figura 1. En este diagrama se muestran los segmentos del cráneo que se creía controlaban las características enlistadas.

En los anuncios de los quiroprácticos suele aparecer una ilustración de la espina dorsal mostrando las áreas del cuerpo que "controla" cada una de sus secciones. Tales gráficas muestran la misma relación con la anatomía real que la que tienen las gráficas craneales frenológicas del siglo pasado con la neurología cerebral moderna.

Diagnóstico

El investigador británico John Sladek, autor del libro sobre charlatanería *The New Apocrypha*[29] (Los nuevos apócrifos), cita a un defensor de los quiroprácticos según el cual tal disciplina es un arte y sus practicantes deben evitar aprender fisiología, pues tal conocimiento les embotaría sus facultades innatas. Esto constituye una falacia absurda, ya que en realidad el conocimiento médico consiste en saber no tanto "cómo curar" sino "cómo funciona el organismo". El hecho de que los gérmenes causen enfermedades y el organismo esté constituido por glándulas y órganos interrelacionados en forma compleja, que nada tienen que ver con la situación de las vértebras, puede efectivamente estorbar la acción del quiropráctico, ya que arruinaría el planteamiento mágico y simplista de esta doctrina.

Una de las principales características de la creencia en terapias mágicas es su tendencia a tratar de representar todo el organismo en una sola parte del cuerpo. Así, al igual que ocurre en la quiropráctica, ciertos charlatanes afirman que todo el cuerpo se encuentra "mapeado" en las diferentes regiones de la oreja, de la planta del pie o de la palma de la mano.

El peligro esencial de la charlatanería médica reside principalmente en que siempre habrá personas que ante padecimientos graves traten

29. Granada, G.B., 1978.

de curarse con los brujos y permitan así que su mal avance por la falta de atención profesional oportuna. No obstante, Sladek cita al periodista y satirista estadounidense H. L. Mencken, quien señala que la quiropráctica puede funcionar como una forma de eugenesia: los quiroprácticos que, ajustando la columna vertebral, intentan curar a pacientes con cáncer, tuberculosis o algo parecido, en realidad acelerarán sus muertes, por lo que, finalmente, se logrará aumentar el nivel promedio de inteligencia de los estadounidenses.

18

La acupuntura, ¿panacea o ilusión?

Hasta ahora no se ha podido detectar una conexión o comunicación física entre los "acupuntos" y los órganos que dicen controlar.

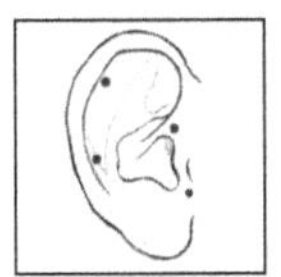

No es usual que en los medios de comunicación de mayor alcance se divulguen cuestionamientos bien fundamentados y accesibles contra las afirmaciones y alegatos de las llamadas medicinas alternativas. En general, quienes propugnan estas disciplinas encuentran las puertas abiertas para difundir sus teorías, mientras que quienes están capacitados para exponer el punto de vista crítico y escéptico respecto a las mismas, normalmente carecen de tiempo, interés e información accesible para divulgar sus objeciones.

Resulta para este objeto de gran interés el libro de ensayos *Examen de la medicina holística*,[30] recopilado por los estudiosos de la ciencia Douglas Stalker y Clark Glymour y publicado por una casa especializada en divulgar textos en contra de la charlatanería y la seudociencia.

En vista de la amplia publicidad que se le ha hecho a lo largo de las últimas décadas en nuestro país a la acupuntura, tratando de presentarla como una disciplina curativa de amplios alcances y de carácter popular, resulta especialmente atractivo analizar el ensayo dedicado en este libro a la crítica de esta antigua terapéutica de origen chino.

El endocrinólogo y neurólogo irlandés Peter Skrabanek se dedicó a analizar todas las fuentes bibliográficas disponibles que reportan los resultados de la acupuntura en los más diversos hospitales y centros de investigación de todo el mundo.

Evolución

Señala Skrabanek que la acupuntura surgió alrededor del siglo III a. C., como una modificación de las técnicas de sangrado curativo de los antiguos chinos, un ritual mágico diseñado para dejar escapar los espíritus malignos, o humores, que suponían la causa de todas las enfermedades. El concepto humoral fue pronto cambiado por el de la energía vital (*ki*). En esto, la acupuntura se equipara a otras terapéuticas, como la homeopatía o la quiropráctica, que afirman que toda enfermedad es consecuencia de desequilibrios entre las fuerzas internas vitales del organismo, negando también que las bacterias o los virus sean la causa de enfermedad alguna.

Así, algunos acupunturistas afirman poder curar por igual la disentería, la poliomielitis, las cataratas, las enfermedades mentales y

---

30. Prometheus Books, Nueva York, 1985.

muchos otros desórdenes que, de acuerdo con la medicina actual, tienen causas muy distintas y perfectamente identificables.

Se dice que tal energía vital fluye por debajo de la superficie del cuerpo a lo largo de unos canales denominados "meridianos". Los puntos de la acupuntura, "acupuntos", se ubican en esos meridianos, en sitios donde el *ki* puede ser aprovechado o influido por la aguja para restaurar la armonía vital entre el *ying* y el *yang* del organismo. Originalmente, existían 365 de estos puntos, ahora son ya más de dos mil, lo que colabora a la dificultad de cualquier verificación controlada de los tratamientos.

La acupuntura llegó a Europa en el siglo XVII, y ha sido olvidada y revivida en cuatro grandes oleadas desde entonces. Ya en 1836, Armand Trousseau y Bernard Pidoux, en su *Tratado terapéutico*, lamentaban su resurrección y la calificaban de doctrina absurda. Jacques Serlandiere inventó con gran bombo la electroacupuntura en 1825.

Los propios chinos han prohibido la acupuntura en diversas ocasiones, la última en 1929, ya que su uso interfería con los controles sanitarios que se intentaba imponer para controlar una epidemia de cólera (naturalmente, la acupuntura asegura poder curar esta enfermedad). Tras la victoria de la revolución en 1949, Mao ordenó revivir esta disciplina junto con otras formas de la medicina tradicional. Su aceptación en los demás países socialistas fue muy reducida y la Academia de Ciencias Alemana la rechazó rotundamente en 1981.

¿Curativa?

La principal crítica contra los supuestos poderes curativos de "amplio espectro" de la acupuntura radica en la imposibilidad de detectar experimentalmente la existencia de ninguna energía o fuerza vital dentro del organismo que corresponda a lo descrito por la teoría acupunturista.

Tampoco se ha podido detectar conexión o comunicación física alguna entre los "acupuntos" y los órganos que dicen controlar.

I. Veith, en la *Revista de la Asociación Médica Americana*,[31] y W. Mattig, en *Medicina interna*,[32] entre otros, han reportado resultados negativos de los efectos terapéuticos de la acupuntura en experimentos controlados.

Peter Skrabanek se ha dedicado a estudiar desde un punto de vista crítico a la acupuntura, recopilando para esto toda la información disponible en la prensa médica especializada de todo el mundo acerca de su utilización. Su informe está incluido en el mencionado libro *Examen de la medicina holística*.

Skrabanek también presenta reportes críticos bien fundamentados en contra de los supuestos efectos analgésicos o anestésicos de la acupuntura; refuta las teorías de la variedad auricular —punciones en la oreja— de esta disciplina y la hipótesis de que influya en la producción por parte del organismo de los analgésicos internos conocidos como endorfinas.

Skrabanek reconoce las cualidades analgésicas y anestésicas de la acupuntura, pero advierte que éstas no superan a las de las técnicas hipnóticas más usuales y son sólo ligeramente mejores que las que se logran con cualquier placebo. Agrega que en todos los medios se han exagerado los resultados obtenidos con esta terapéutica.

Efectividad

Gran difusión han tenido diversos documentales que, a raíz de la visita de Nixon a China, se exhibieron mostrando impresionantes

31. Núm. 180, 1962.
32. Núm. 10, Alemania, 1983.

operaciones con acupuntura, realizadas sin anestesia normal a algunos pacientes de distintos sexos; sin embargo, todo parece indicar que tales filmaciones fueron un fraude. La acusación apareció en la propia prensa china, en el diario *Wen Hui Bao de Shanghai*[33] en un artículo firmado por X. Gan y N. Tao.

Los médicos R. Días y S. Subramaniun, en un artículo de la *Revista de la Real Sociedad de Medicina*[34] señalan que el 90% de los pacientes operados con anestesia acupuntural tuvieron además que someterse a anestesia local; el 60% se "quejaban y gemían" y el 30% "forcejeaban e intentaban interferir con la operación". El acupunturista F. Mann, en su artículo "Anestesia acupuntural, un reporte de 100 experimentos",[35] informó que esta técnica era "justamente adecuada" para operaciones quirúrgicas sólo en 10% de los pacientes. Wallis y otros, en su artículo "Una evaluación de analgesia de acupuntura en obstetricia,[36] reportan que ninguno de sus 21 pacientes obtuvo una analgesia adecuada con la acupuntura.

Magia

Una de las técnicas mágicas más antiguas es la de representar la realidad en un lugar reducido y accesible, como ocurre con los dibujos de animales de caza en las cavernas prehistóricas o con los muñecos del vudú.

Pues bien, existe una variedad de la acupuntura que es indistinguible de este tipo de creencias mágicas. Se trata de la acupuntura auricular, la cual supone que en la oreja del ser humano se encuentra la imagen

33. 22 de octubre de 1980.
34. Núm. 77, G.B., 1984.
35. *Revista Británica de Anestesiología*, núm. 46, 1974.
36. *Revista Británica de Anestesiología*, núm. 41, 1974.

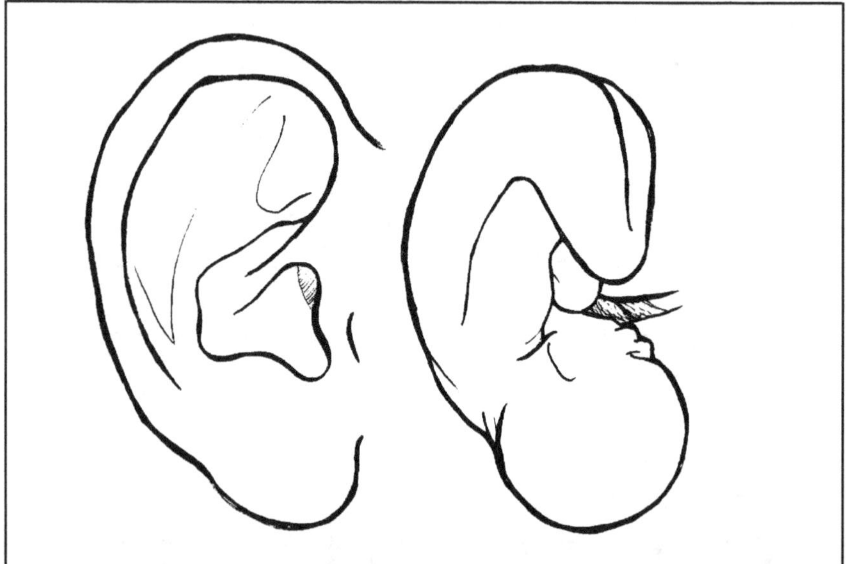

Figura 2. Según la acupuntura auricular, en la oreja se encuentra el mapa de todo el cuerpo, lo cual se muestra comparándola con la imagen de un feto.

o el "mapa" de todo el cuerpo, punto por punto. Esto se representa con dibujos de un hombrecillo deforme que se ajusta al contorno de la oreja. Con una aguja en la oreja se puede así estimular cualquier órgano del cuerpo.

Lo malo es que la anatomía auricular occidental difiere marcadamente de la china, como lo señalan Oleson y Kroenig en su artículo "Comparación entre los acupuntos auriculares chinos y los de Nogier".[37]

Un experimento reciente en el que se aplicó acupuntura auricular a 514 pacientes para que dejaran de fumar, dio como resultado un 70% de fracasos.[38]

37. *Revista Americana de Acupuntura*, núm. 11, 1983.
38. Lamontagne, Y., "Acupuntura para fumadores", *Revista de la Asociación Médica Canadiense*, núm. 122, 1980.

Endorfinas

Los médicos señalan que el desequilibrio de endorfinas en el organismo ocasiona enfermedades mentales. Así, la acupuntura tendría una base fisiológica para justificar sus efectos curativos y anestésicos, ya que sus partidarios afirman que interfiere en la producción de endorfinas.

Un editorial de la revista *Lancet* (1981) señala que no hay evidencia alguna de que la acupuntura facilite la producción de endorfinas. Aun si así fuera, Willer, Sheng Shu y otros, demostraron en *Lancet*(1984) que la presencia de endorfinas en exceso en el plasma no reduce la sensibilidad al dolor.

La mejor prueba de que la acupuntura no produce más efectos que la sugestión la dan los reportes proporcionados, entre muchos otros, por Lynn y Perl en "Analgesia de acupuntura en la piel en relación con el mapa tradicional de meridianos",[39] donde se demuestra que se obtienen los mismos resultados sin importar en qué parte del organismo se inserten las agujas. En 1992, el Congreso de Estados Unidos, con el impulso incansable de Tom Harkin, un senador creyente en las medicinas alternativas, instaló una oficina dedicada a validar, por cualquier medio, disciplinas como la acupuntura: la Oficina de Medicina Alternativa (OAM), dentro del Instituto Nacional de la Salud (NIH). Supuestamente, la OAM ha patrocinado algunos experimentos que revelan una mayor efectividad de la acupuntura contra el dolor —y contra las alergias—, respecto a otros medios terapéuticos y a los simples placebos. Pero no ha habido investigadores independientes que repitan este tipo de experimentos; investigadores que no tengan como principal objetivo de su trabajo probar, cueste lo que cueste, que todas las terapéuticas llamadas alternativas son efectivas. Este compromiso

---

39. *Revista de fisiología*, núm. 245, Londres, 1975.

moral y económico con una idea preestablecida generalmente tiene resultados poco confiables.

El periodista científico Leon Jaroff, fundador de la revista *Discover*, y por muchos años editor científico de la revista *Time*,[40] ha señalado que hoy por hoy la OAM se destaca por ser un refugio y un consuelo para los charlatanes y para los iletrados en medicina.

40. *Revista Skeptic*, vol. 5, núm. 3, 1997.

La iridología

Las manchas en el iris, que los iridólogos llaman "lesiones", en apariencia revelan el mal funcionamiento de la parte que les corresponde.

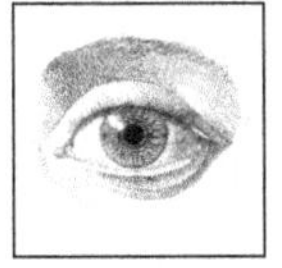

Según informa el médico mexicano José Alberto Figueroa, la iridología o iridiagnóstico es el intento de diagnosticar las enfermedades por la apariencia del iris de los ojos. Esta seudociencia fue postulada, en Budapest, por Ignatz Peczely, quien publicó sus hallazgos en 1880. Su propuesta halló rápida acogida entre los homeópatas alemanes y suecos, y fue llevada por Henry E. Lahn, quien en 1904 escribió el primer texto en inglés sobre esta disciplina. El naturópata Henry Lindlahr, discípulo de Lahn, redactó en 1917 un trabajo definitivo, denominado *Iridiagnóstico y otros métodos diagnósticos*, aunque sí han surgido otros textos más recientes.

Según Lindlahr, el doctor Peczely descubrió esta nueva ciencia de la salud a la edad de diez años, cuando capturó una lechuza a la que por accidente le fracturó una pata: "Observando directamente los brillantes y grandes ojos de la lechuza —escribe Lindlahr—, Peczely notó que en el momento en que el hueso fue roto apareció una mancha negra en la región central e inferior del iris, área que más tarde se demostró corresponde a la localización de la pierna rota."

El joven Ignatz mantuvo a la lechuza como mascota. Conforme sanaba la pata, el punto negro empezaba a mostrar un borde blanco, lo cual indicaba que se estaba formando un callo óseo.

Según los iridólogos, el iris está dividido en aproximadamente cuarenta zonas, que siguen el giro de las manecillas del reloj en uno de los ojos y contrario a las mismas en el otro. Estas zonas supuestamente se conectan por medio de filamentos nerviosos con las diversas partes del cuerpo. Las manchas en el iris, que ellos llaman "lesiones", en apariencia revelan el mal funcionamiento de la parte del cuerpo que les corresponde.

J. Haskell Kritzer, en su manual de iridiagnóstico, quinta edición de 1921, explica cuidadosamente cómo reconocer los ojos artificiales con el fin de evitar la vergüenza de emitir un diagnóstico extraordinario con ellos.

Cabe señalar que anatómicamente no existen tales filamentos nerviosos que unan en forma privilegiada los distintos pliegues del iris de los ojos con las distintas partes del cuerpo. Desde luego que hay terminales nerviosas en los mismos, pero éstas sólo se encargan de controlar el movimiento muscular que hace que el iris se abra o se cierre. Se trata sin duda de otro caso del uso inconsciente de la magia representativa, con la que los charlatanes intentan encontrar un mapa del organismo en una parte localizada del mismo, como sucede con la

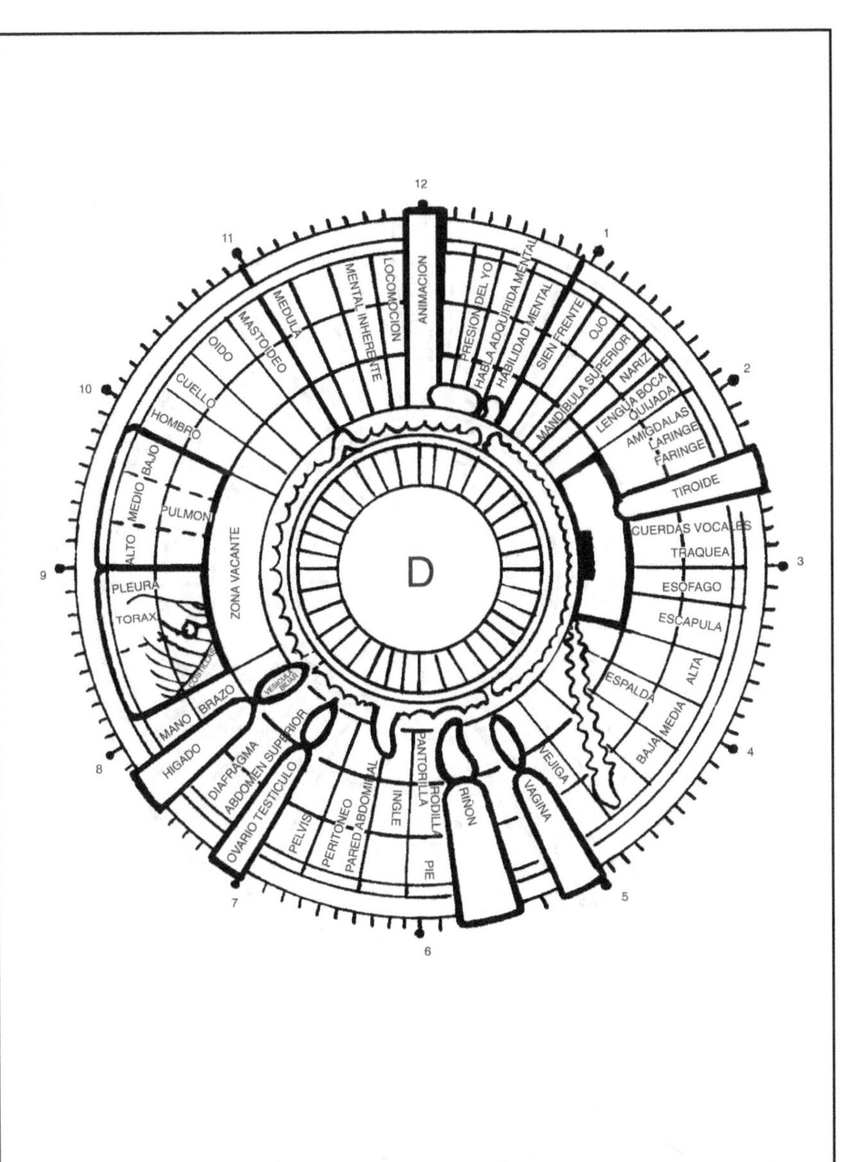

Figura 3. *Regiones del iris del ojo derecho que reflejan las condiciones de cada parte del organismo, de acuerdo con la iridología.*

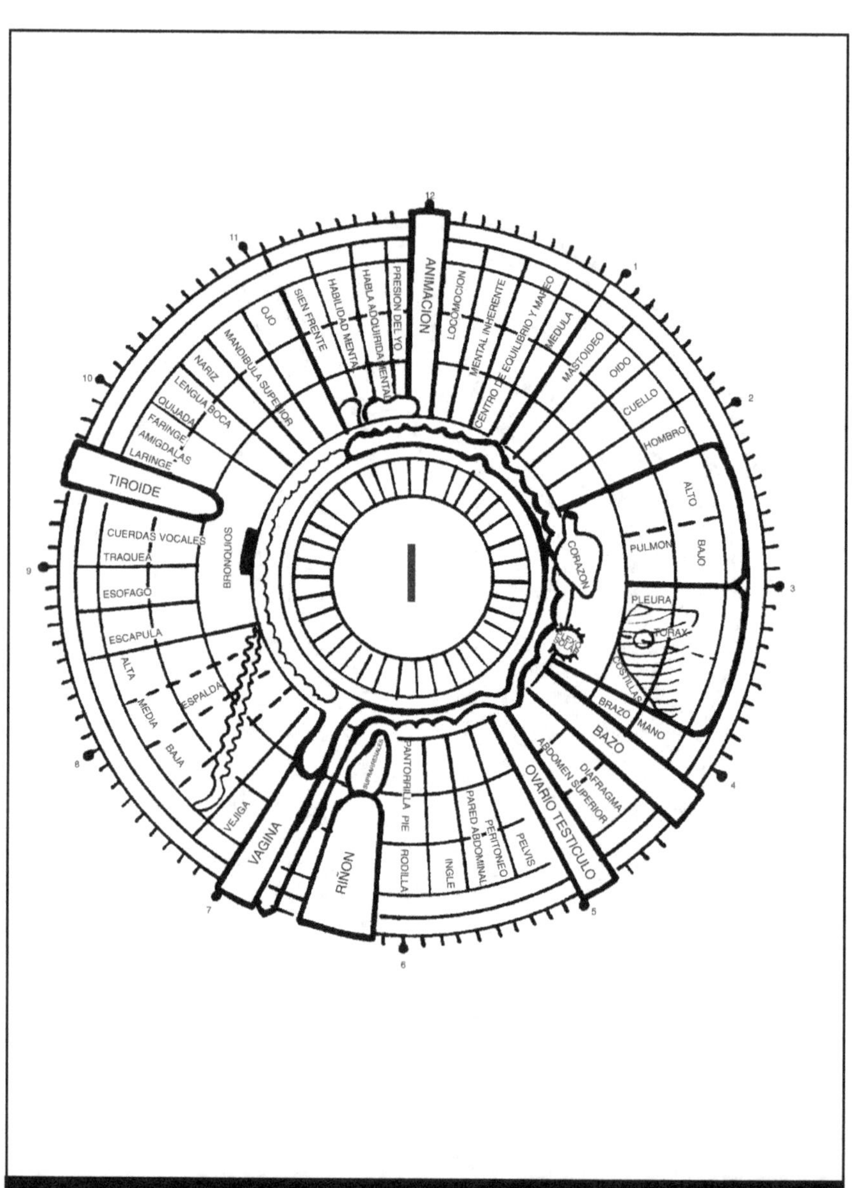

Figura 4. Regiones del iris del ojo izquierdo que reflejan las condiciones de cada parte del organismo, de acuerdo con la iridología.

planta de los pies, el pabellón de la oreja o bien la columna vertebral. No existe ninguna razón para que el organismo se haya molestado en desarrollar estos intrincados contactos y esos pequeños mapas en lugares recónditos de la piel y los ojos, representando a todos sus sistemas y órganos. Es importante señalar que esta idea no es otra cosa que una aplicación más del *holismo*, doctrina según la cual todo en el Universo está interconectado, y desde cualquier punto podemos, en teoría, manipular lo que suceda en otro sitio remoto.

Riesgos innecesarios

Existe un serio problema de desinformación que afecta a gran parte del público que tiene necesidad de acudir a algún tratamiento caro y doloroso para buscar la incierta cura de un padecimiento grave.

Lo más lamentable de la muerte, en 1994, de la popular cantante mexicana Amparo Ochoa es que hoy todavía podría estar con vida si no hubiera abandonado el tratamiento médico que seguía para intentar controlar un penoso cáncer estomacal que la afectaba. Rechazó la gentil artista la quimioterapia, por considerarla demasiado "agresiva" y prefirió ir a que le aplicaran varias terapias de las llamadas alternativas, que incluían curaciones con lavativas, ingestión de aceite de almendras amargas y un caro y discutible tratamiento llamado *citoterapia* o *terapia celular*. Desarrollada por el médico suizo Paul Niehans, la citoterapia consiste en inyectarle al paciente extractos de células de tejido embrionario y fetal de ovejas que, supuestamente, ayudarán a regenerar cualquier órgano dañado del cuerpo humano. Este tratamiento, que causa generalmente peligrosos abscesos, tiene cos-tos superiores a los diez mil dólares, aunque según el investigador y nu-triólogo Kurt Butler, no existe ningún estudio o prueba de que la terapia celular sirva para otra cosa que para enriquecer a sus promotores.

Niehans creó la Clínica *La Prairie* en Montreux, Suiza, un balneario especializado en la inyección de esas células fetales, con supuestos fines de rejuvenecimiento, cuyos clientes son casi todos celebridades muy acomodadas. Asegura Niehans que su tratamiento puede mejorar el desarrollo mental de niños afectados con síndrome de Down, pero Butler revela que en 1990 se llevó a cabo un estudio que demostró la falsedad de esta afirmación.

No en balde Amparo Ochoa tuvo que acudir al apoyo de su público para costearse estos tratamientos que, a la postre, resultaron por completo inútiles. Ello es una lástima, ya que con los recursos que se recabaron en varios conciertos públicos en beneficio de la fina cantante se le podía haber pagado un tratamiento real de primera calidad en el hospital más avanzado del planeta. Contrasta este caso con el de la directora de teatro y escritora Nancy Cárdenas, que padecía la misma enfermedad que Amparo, pero que gracias a una serie de cuidadosos tratamientos pudo prolongar su vida productiva por más de diez años.

Detrás de toda la tragedia de Amparo Ochoa se encuentra un serio problema de desinformación que afecta a gran parte del público que tiene necesidad de acudir a algún tratamiento caro y doloroso para buscar la incierta cura de algún padecimiento grave. Se tiene la impresión en grandes sectores del público de que las recomendaciones de la medicina ortodoxa son hechas con toda mala fe para explotar a los pacientes en forma fría e irresponsable. Sin embargo, esta impresión sólo refleja el hecho de que la medicina científica es una empresa humana que no pretende darse los baños de infalibilidad de muchas de las seudociencias médicas.

El famoso actor estadounidense Steve McQueen, afectado por un terrible cáncer del intestino, vino en 1981 a México a buscar una curación en alguna de las numerosas clínicas fraudulentas que abundan en nuestras ciudades fronterizas. En una de ellas, le recetaron un tratamiento "no agresivo", también a base de lavativas de una infusión de café. Por supuesto, Steve perdió una fortuna y falleció de una manera muy dolorosa. En esos lugares, por cierto, se ha promovido el uso de sustancias ya prohibidas en Estados Unidos que supuestamente curan el cáncer, como el *cancell* y el *laetrile*. Los dos han resultado ineficaces en pruebas clínicas.

Y es que las llamadas medicinas alternativas no tienen otro poder curativo que el que logran inducir mediante la sugestión en el propio organismo humano. Lo que el organismo no se pueda curar a sí mismo no lo curará ninguna de estas terapéuticas que se distinguen por ofrecer una teoría de la salud basada en conceptos mágicos o imaginarios, muchas veces contradictorios. La fe bien podrá mover montañas, pero sólo la medicina real podrá —en ocasiones— curar algo tan grave como el cáncer.

21

El increíble caso de Elías Alsabti

*Médico iraquí que fingiéndose experto en cancerología, alcanzó gran
fama y prestigio basado exclusivamente en el plagio de los trabajos
de sus colegas.*

La ciencia moderna, que basa su funcionamiento
en la búsqueda de la verdad y en la buena fe de los
científicos, se ha hecho enormemente vulnerable a
las actividades de diversos tipos de farsantes. Entre
quienes mejor han estudiado ese fenómeno se encuentran los investigadores William Broad y Nicholas Wade, autores
de un imprescindible texto,[41] en el que exponen las preocupantes

41. *Betrayers of the Truth: Fraud and Deceit in the Halls of Science*, Touchstone Books, Nueva
York, 1982.

actividades de una serie de personajes sin escrúpulos, que sólo buscan labrarse una exitosa carrera, fama y enormes fortunas, falsificando la investigación científica.

De todos los casos que exponen, ninguno se iguala por su audacia y por su inaudito cinismo a la fulgurante carrera de Elías A. K. Alsabti, médico iraquí que, fingiéndose experto en cancerología, alcanzó gran fama y prestigio basado exclusivamente en el plagio de los trabajos de sus colegas de todo el mundo. Una operación fraudulenta que, de haber sido más sutil, nunca se hubiera descubierto.

Alsabti inició su carrera de engaño como estudiante de medicina en la Escuela de Medicina de su ciudad natal Basora, en Irak. Renuente a seguir la estricta y austera carrera de médico del sistema socializado de salud iraquí, Alsabti, a los 21 años, comunicó al gobierno de su país que había inventado nuevas pruebas de detección del cáncer. Sin comprobar estas afirmaciones, las autoridades se lo llevaron a Bagdad y le instalaron un laboratorio para que desarrollase sus teorías.

Alsabti inició de inmediato un programa de muestreo de pruebas de detección de cáncer entre trabajadores iraquíes; sin embargo, a cada uno de los sujetos examinados, Alsabti le cobró una sustancial cuota monetaria, embolsándose desde luego el dinero. Pronto empezaron a surgir las quejas. El ministerio de la salud decidió investigar: se llamó a la policía; pero era demasiado tarde, Alsabti había huido del país.

Después de recorrer Arabia Saudita, Alsabti llegó a Jordania, donde, alegando ser un perseguido político iraquí, se ganó la confianza del gobierno y en especial del príncipe Hassán, hermano del rey Hussein, quien le permitió trabajar en el Centro Médico Real de Ammán.

No obstante, ello no era suficiente. Como la meta de Alsabti era llegar a Estados Unidos, la meca mundial de la investigación sobre el cáncer, convenció al gobierno jordano de enviarlo a ese país. Después de conocer, en un simposio médico en Bruselas, al doctor Hermann Friedman de la Universidad de Temple, en Filadelfia, y de comunicarle su deseo de trabajar con él, Alsabti se presentó, de improviso y sin invitación formal, unos meses después en sus oficinas en Filadelfia.

A partir de ese momento se inició una asombrosa trayectoria que reveló la cobardía de muchos administradores y científicos que, a sabiendas de que están tratando con un farsante, no se atreven a denunciarlo y exponerlo, por temor a complicaciones o represalias legales. Friedman se dio cuenta de inmediato de que Alsabti no sabía nada de técnicas de laboratorio, ya que una supuesta vacuna contra la leucemia que éste había desarrollado, sencillamente no existía. Pero Friedman sólo le pidió que abandonara su laboratorio.

Alsabti se fue a trabajar a otro laboratorio, también en Filadelfia, con el doctor Friederick Wheelock, al cual conmovió con una triste historia. Ya ahí, Alsabti consiguió, gracias a su nuevo protector, una beca jordana de 10 mil dólares anuales para solventar sus investigaciones.

Mintiendo sobre sus grados académicos, logró su afiliación a varias asociaciones médicas estadounidenses. Cinco meses después, dos investigadores jóvenes descubrieron que Alsabti inventaba todos sus datos. Wheelock lo despidió pero Alsabti se llevó consigo una forma de solicitud de financiamiento al gobierno y los borradores de varios manuscritos.

Dos años después, Wheelock descubrió un artículo de Alsabti en una revista médica checoslovaca. Era una copia, palabra por palabra, de uno de los manuscritos robados.

Los intentos de Wheelock de que se aclarase el plagio en todas las publicaciones médicas resultaron infructuosos. Sólo *Lancet* publicó su indignada denuncia. Pero Alsabti había encontrado la manera de labrarse un buen curriculum, ya que la increíble política de algunas de esas revistas era la de *nunca* publicar una retractación.

Cada mes Alsabti buscaba varios artículos científicos sobre el cáncer en alguna publicación médica poco conocida, cambiaba los nombres de los autores por el suyo y el de algunos coautores inexistentes, copiaba los artículos íntegramente y los enviaba a alguna otra revista médica de poca difusión en cualquier otro lugar del mundo. Como existen más de dos mil publicaciones sobre medicina en el planeta, resulta imposible verificar pronto un plagio, sobre todo si el título del artículo se modifica sustancialmente.

Alsabti se mudó a Houston, donde trabajó en el Hospital Anderson. Allí encontró, en el buzón de un médico recientemente fallecido, un artículo que se le había enviado al difunto para su revisión. De inmediato, se apoderó del mismo e hizo que lo publicaran en Japón, *antes* de que el mismo autor, Daniel Wierda, lo publicase. Sin embargo, Wierda, al ver su trabajo publicado bajo otro nombre, decidió convertirse en un incansable perseguidor del charlatán.

Alsabti ya era millonario. Se casó, poseía residencias y limusinas, y consiguió un doctorado en una Universidad de las Bahamas, sin asistir a una sola clase. Su curriculum era ya tan impresionante que todas las puertas se le abrían.

Se trasladó a la Universidad de Virginia; pero ahí, la cacería de Wierda lo alcanzó. Ante las pruebas, la administración virginiana lo suspendió, a pesar de sus patéticos y casi convincentes desmentidos.

Por todas las revistas científicas del mundo comenzó a circular y publicarse la trayectoria plagiaria de Alsabti; a pesar de ello, todavía fue contratado en la Universidad de Boston, pero a los tres meses las autoridades se enteraron y lo despidieron.

Alsabti salió de ahí para nunca más aparecer; quizá se cambió el nombre y sigue, en algún otro país, su carrera como cancerólogo de papel.

Entre 1977 y 1980, Alsabti publicó en cerca de 30 revistas un total de 60 trabajos ajenos firmados con su nombre. Aún hoy los sistemas bibliográficos computarizados, demasiado complejos para poder actualizarse rápidamente, lo mantienen como referencia en multitud de temas médicos con muchos de sus plagiados artículos. Se sospecha, empero, que existen muchos otros alsabtis... más cuidadosos y mesurados.

22

Páginas médicas en Internet

Se estima que en las naciones en desarrollo sólo el 0.05% del público tiene acceso a Internet, según datos de la ONU, de 1999.

 La charlatanería y la desinformación en Internet pueden convertirse en asunto de vida o muerte. Mientras un número creciente de pacientes y profesionales de la salud consultan los recursos de la red, se han planteado algunos temores sobre su calidad y confiabilidad. El libre flujo de la información inevitablemente trae estos peligros, pero también los elementos para sobrellevarlos.

Todos los que buscan en Internet información sobre asuntos médicos necesitan que ésta sea confiable. Los pacientes deben saber cuándo buscar ayuda, qué preguntas relevantes formular, qué tratamientos existen y las razones por las que deben seguir los consejos de los distintos proveedores de cuidados médicos. Los profesionales de la salud necesitan mantenerse al día sobre los avances de la ciencia. Los funcionarios del área de salud pública requieren una base sólida para establecer sus lineamientos y para la toma de decisiones. Con este fin, el doctor Ragnar Levi, escritor científico y director de comunicación científica del Consejo Sueco de Evaluación de Tecnologías en Atención Médica y Salud, presentó un análisis, incluido en un curso sobre periodismo electrónico global, que tuvo lugar en la Universidad de Estocolmo en 1999.

Señala Levi que toda la información que requieren los interesados en la salud está disponible hoy en Internet. Según una estimación,[42] en 1999 existían cien mil páginas médicas en la red. Se ha hecho evidente que muchas ofrecen información engañosa o fraudulenta, que pudiera ser muy dañina, como afirmaciones falsas sobre los efectos de algunos tratamientos o bien alarmas injustificadas sobre supuestos riesgos a la salud. Así, la promoción mercantil de productos no está restringida a anuncios comerciales claros y abiertos, sino que se puede disfrazar bajo formatos periodísticos o científicos. Y aunque mucha información médica útil puede encontrarse ahí, existe también una considerable cantidad de desinformación que puede hacer más mal que bien.

La desinformación no es sólo asunto de charlatanería o fraude, también se da alrededor de resultados científicos engañosos o falsos. La distinción entre alta y baja calidad científica que señaló el investigador D. L. Sackett (1997), muestra que aun resultados científicos que aparentan ser confiables, y revisados por profesionales a la par con los autores, deben ser interpretados con la mayor precaución. Hay casos en que la metodología investigativa y el diseño de los experimentos pueden ser inadecuados, lo que lleva a conclusiones inexactas.

42. Eysenbach y otros, 1999.

Lo cuestionable de una parte de la información que hay en la red ha sido denunciado por algunos estudios de equipos, como el de Gustafson y otros[43] o por autores individuales y organizaciones, como la Comisión Federal de Comercio de Estados Unidos. Un sondeo reciente[44] muestra que relativamente pocos usuarios de la red están al tanto de este peligro, aunque los médicos tienden a mostrarse mucho más cautos, lo que demuestra el grado de indefensión ante estos abusos de la persona común y corriente.

Hay suficiente apoyo empírico para justificar estos temores. Por ejemplo, en una revisión sistemática de la red sobre el tratamiento de la fiebre en niños en sus hogares sólo cuatro de 41 páginas de Internet ofrecían recomendaciones consistentes con el tratamiento indicado por la comunidad médica. Una página o portal que ha recibido severas críticas en revistas médicas[45] es la del pretendido curandero de cáncer Ryke Geerd Harner, quien mantiene un portal con información falsa (www.geocities.com/HotSprings/3374/index.htm).

Algunos servicios de la red se dedican a encontrar y a listar páginas de Internet que contribuyen a la desinformación o aun al fraude médico o la charlatanería. Por ejemplo, el doctor Stephen Barret tiene un portal denominado *Quackwatch* —vigilancia contra charlatanes— (http://www.quackwatch.com), en el que proporciona una larga lista de casos de propuestas cuestionables en Internet. Esta página define a la charlatanería como cualquier propuesta que involucre una promoción excesiva en el campo de la salud.

La Internet ha sido definida con frecuencia como una red global. Esto sólo es cierto en parte. Aunque el número exacto y la distribución geográfica de los usuarios en todo el mundo no son conocidos, se ha estimado que más de la mitad están en América del Norte. En muchos países, sólo una pequeña fracción de sus habitantes tiene acceso a

43. *Journal of Preventive Medicine*, núm. 16, 1999.
44. *Health on the Net Foundation*, 1999.
45. De Boussingen, D. D., "German quack helaler sentenced", *Lancet*, vol. 350:874.

las computadoras. Se estima que en naciones en desarrollo sólo el 0.05% del público tiene acceso a Internet (Programa de Desarrollo de la ONU, 1999). Más aún, en partes desarrolladas del planeta, las personas que más necesitan información sobre la salud no son quienes tienen mayor acceso a la red; y aquellos que producen la información más confiable tampoco son necesariamente los que logran la mayor visibilidad en el medio.

Los portales que ofrecen información médica en la red son usados y producidos por muchos grupos, incluyendo a proveedores de cuidados médicos, consumidores, organizaciones profesionales, alianzas de consumidores, investigadores diversos, instituciones educativas, aseguradores de gastos médicos, agencias de gobierno, así como otras autoridades de salud. Están también los medios informativos, las revistas científicas, las bibliotecas, los laboratorios farmacéuticos y los fabricantes de material médico, entre otros. No todos tienen la capacitación adecuada en aspectos médicos y de salud.

Aparte de esa capacitación, debe notarse que casi todos esos grupos tienen intereses económicos importantes y están dispuestos a difundir información sesgada. Las afirmaciones sin base sobre los efectos de algunos tratamientos son muy comunes en todos los medios. Propuestas arbitrarias pueden difundirse y aceptarse como tratamientos normales aun cuando sólo estén basados en opiniones personales en lugar de evidencia científica. Sin embargo, hay algunos rasgos de la Internet que hacen que la información que en ella se difunde sea especialmente endeble.

En primer lugar, al contrario de lo que sucede en los medios tradicionales, en la red no se requiere control editorial en la etapa de producción. Cualquiera que tenga los conocimientos básicos y el software adecuado puede publicar en la red. El costo inicial de producción resulta reducido y la penetración muy grande. Sin importar si la información es verdadera o falsa, actualizada o anticuada, sesgada o imparcial, basada en la fe o en los hechos, se publicará en la red para que el mundo la conozca.

En segundo lugar, la información en Internet puede consultarse fuera de contexto, de modo que resulte engañosa aun cuando sea verdadera. Es fácil que una nota trivial se tome por revolucionaria. Por ejemplo, el hecho de que una forma de cáncer puede ser tratado con algún tipo de cirugía suena muy convincente; sin embargo, si las pruebas clínicas muestran que la cirugía en efecto remueve el tumor, pero no agrega años de vida ni calidad a la misma, y estos datos se omiten, la información se torna engañosa.

Más aún, al revés de lo que ocurre con los medios impresos, no siempre se entra a los portales de Internet a través de una primera página o portada. La información puede ser vista sin que el usuario pase por esa portada que podría incluir advertencias o el detalle de los limitantes a lo que ahí se propone, ya que los mecanismos de búsqueda van directo a donde está el término o la expresión buscada.

Mucha relación con este problema tienen las páginas que no expresan claramente cuáles son sus fuentes, o a quién está dirigida su información (si a profesionales de la medicina o legos, por ejemplo). Las páginas de la red diseñadas para médicos o farmacéuticos podrían no ofrecer la información elemental de fondo necesaria para prevenir al público ordinario contra malas interpretaciones.

La triste realidad de la red es que los curanderos, henchidos de fe, publican sus historias de éxito al lado de los cautos hallazgos obtenidos por científicos muy rigurosos y con una actitud escéptica. El reto para los usuarios es aprender a separar el grano de la paja.

Los resultados de una búsqueda informativa en la red dependerán de la estrategia empleada. De acuerdo con el propósito de la búsqueda, un usuario podría preferir páginas que le recomienden sus amigos, o las sugeridas en listas de los servidores de Internet, o bien las que encuentre con los instrumentos de búsqueda de la propia red. Difícilmente alguno de estos medios puede dar una lista que incluya una variedad real de opiniones sobre un tema.

Hay buenas listas de ligas automáticas con otras páginas; entre ellas están *Medscape, HealthWeb, WebMedLit, Uncle, Medical Journal Finder.* Y están las herramientas de búsqueda de temas médicos como *Medscape, MedHunt, CliniWeb, MedWeb, Medical World Search, Hardin Meta Directory of Internet Health Resources, Yahoo Health* y *Medical Matrix;* cabe señalar que todas tienen un servicio de búsqueda en español.

Hay una gran variedad de medidas de calidad, relacionadas con la fuente, la función, el contenido y la estructura de los portales de Internet. Una colección de tales criterios se ofrece en una página llamada *Biblioteca virtual de la calidad de la información www* (http://www.vuw.ac.nz/-agsmith/evaln/evaln.htm). De igual forma, es posible evaluar las propias herramientas de búsqueda, algo que ofrece Argus Clearinghouse, orientada a científicos (http://www.clearinghouse.net).

Para pacientes, sus familias y otros legos, se han diseñado varias listas de revisión para por lo menos orientar sobre la calidad de portales de-dicados a dar información médica confiable, uno de los cuales es *HONcode* (http:/www.hon.ch/HONcode_check.html#HONcodeCheck_site), y que fue desarrollado por la fundación por la Salud en la Red —*Health On the Net Foundation* (HON)—. Esta organización se dedica a responder preguntas básicas, como la de cuáles son las credenciales del autor de cada página; cuándo fue la misma actualizada por última vez; si en verdad respeta los requisitos legales de confidencialidad de la información médica; qué respaldo tiene su información y si hay artículos publicados sobre los tratamientos recomendados en la página o si sólo se trata de simples opiniones. También proporciona información sobre el financiamiento de cada portal.

La notable cantidad de desinformación que se publica en la red pone a prueba a los usuarios. El movimiento internacional *Medicina Basada en la Evidencia* (EBM), fundado en 1998, destaca la importancia de poder evaluar la información sin importar en qué medio esté publicada. Su objetivo es proporcionarle al que navega por la red la mejor evidencia científica disponible para tomar decisiones en el ámbito de la salud. Varias universidades y academias médicas mantienen páginas de Internet en apoyo a este movimiento, como por ejemplo, la notable y bien surtida *Biblioteca Cote para la práctica médica basada en la evidencia* (http://www.shef.ac.uk/~scharr/it/core.html).

Señala el doctor Muir Gray, director de investigación de servicios de salud en la Universidad de Oxford:

> Cuando se inventó la imprenta, hubo preocupación de que la palabra impresa podría darle una credibilidad indebida a cualquier idea o propuesta. Lo mismo se aplicó a la *World Wide Web* cuando empezó, aunque ahora la gente muestra un escepticismo más saludable respecto a lo que aparece en la red ante el evidente crecimiento de la chatarra electrónica que la invade alarmantemente. La red es lo bastante inclusiva como para darles sitio a los charlatanes seudocientíficos o a los defraudadores, al lado de científicos distinguidos y experimentadores clínicos serios; si normalmente se requiere un criterio estricto de parte del público en los otros medios, ello se hace ineludible en la Internet.

Hay por cierto en la red varias páginas de un movimiento internacional que pugna por la racionalización y el uso medianamente informado de la automedicación (httm://www.imshealth.com/html/overthecounter.htm). Esta tendencia es apoyada por varios laboratorios o distribuidores farmacéuticos de mediano prestigio, como *Pharma-Trend*, que lamentablemente incluyen remedios herbolarios de dudosa calidad junto con medicamentos válidos. La idea de que el público se vaya capacitando para usar un buen repertorio de remedios que no requieren receta es positiva, pero no debe verse esto como una especie de movimiento liberador de una supuesta tiranía de los médicos y de la medicina científica, como pretenden los impulsores de la irracionalidad en el tratamiento de los problemas de la salud humana.

23

Cuidar nuestro cuerpo

Muy pocos de nosotros entendemos a fondo los mecanismos de las diversas enfermedades.

Vivimos en una época en que nadie que pueda ser atendido y curado de cualquier enfermedad ya dominada por la ciencia, debe padecer o morir por causa de ella. Sin embargo, las armas de la ciencia médica son, como todas las armas, de manejo delicado. Es paradójico que una persona que cuida bien su automóvil, le da mantenimiento y le aplica las reparaciones requeridas, no sea capaz de hacer lo mismo con su cuerpo. A nadie se le ocurre tratar de reparar el motor de su auto sin tener la menor idea de cómo funciona, y sólo

135

siguiendo los consejos inciertos de un vecino. Sin embargo, eso es lo que hacen las personas cuando se automedican. Nadie piensa que haya mecánicos alternativos que puedan reparar su vehículo mediante la intervención divina, o según lo que se le ocurrió a una persona que vivió hace doscientos años, ¡antes de que existieran los motores de combustión interna! Pues no otra cosa hacen quienes creen en las medicinas alternativas anticientíficas.

Detrás de todo esto se encuentra un temor psicológico muy comprensible. No podemos aceptar que los males que nos aquejan ocurran por razones prosaicas, y desearíamos controlarlas por medios maravillosos, baratos, sencillos, infalibles e indoloros. Pero lo cierto es que muy pocos de nosotros en realidad entendemos a fondo los mecanismos de las diversas enfermedades; eso se lo tenemos que dejar a los facultativos, que si bien no son perfectos, nos brindan una mayor probabilidad de alivio que el mero azar o la sugestión; porque es el azar o la sugestión lo que entra en funciones cuando asumimos la tarea de curarnos a nosotros mismos por vías que sólo una intuición deficiente nos puede aconsejar pero que nos pueden acarrear graves daños y sufrimiento innecesario.

Glosario

Alopatía. Curación por medio de lo distinto u opuesto. Término con que los homeópatas denominan a la medicina científica.

Aminoácido. Componente orgánico molecular de las proteínas.

Analgésico. Que calma o contrarresta el dolor.

Angiostatina. Sustancia inhibidora del crecimiento de los vasos sanguíneos.

Ansiolítico. Que disminuye la ansiedad.

Antiangiogenético. Que inhibe la formación de vasos sanguíneos.

Antibiótico. Que mata bacterias patógenas.

Antioxidante. Que evita la combinación con el oxígeno.

Antipirético. Que disminuye la fiebre.

Arroz moreno. Arroz que mantiene la cascarilla fibrosa del cereal.

Artritis reumatoide. Enfermedad inmunológica, inflamatoria, subaguda o crónica, que afecta en especial las articulaciones periféricas en donde provoca dolor intenso y deformaciones.

Asma. Enfermedad caracterizada por ataques de disnea o dificultad respiratoria, con espasmo en los bronquios.

Colágeno. Constituyente orgánico del tejido conjuntivo o conectivo, del organismo y de la sustancia orgánica de los huesos y cartílagos.

Colesterol. Sustancia orgánica mayormente grasosa que permite la creación de la vitamina D en el organismo, pero que en cantidades excesivas causa la obstrucción de las arterias.

Desequilibrios hidroelectrolíticos. Presencia excesiva o falta grave en el organismo de minerales vitales por consecuencia de desnutrición o de la ingestión excesiva de los nutrientes que los contienen.

Dinámica metabólica. Comportamiento cambiante del metabolismo a lo largo del desarrollo de una enfermedad.

Enuresis. Incontinencia urinaria nocturna.

Estudio doble-ciego. Prueba de un medicamento en el que ni el grupo piloto de pacientes ni el médico saben a quién se le proporciona el medicamento y a quién un placebo.

Fiebre de heno. Alergia al polen.

Frenología. Seudociencia que pretendía describir el carácter de las personas de acuerdo con la forma de su cráneo.

Grasas saturadas. Las de mayor dificultad en su digestión, ya que su molécula no admite más componentes. Tienden a verse sólidas a la temperatura ambiental.

Hepatopatía. Enfermedad del hígado.

Hidrosolubles. Solubles en agua.

Iatrogénico. Causado por el médico.

Iridología. Pseudociencia médica que pretende poder diagnosticar las enfermedades mediante la observación de detalles o manchas en el iris de los ojos del paciente.

Laxante. Preparación purgante que propicia la evacuación sin irritar el intestino.

Liposolubles. Solubles en grasa.

Metabolismo. Conjunto de transformaciones físicas, químicas o biológicas que en los organismos vivos experimentan las sustancias en él introducidas o las que en él se forman.

Neoplásica. Cancerosa.

Osteoartritis. Artritis con lesión inflamatoria de los extremos óseos que forman la articulación.

Perfil hemático. Resultado de un análisis completo de la sangre.

Pólipo. Tumor incipiente que se fija con apéndices al tejido sano.

Psicosomático. De origen mental.

Sedante. Medicamento que calma el dolor o la excitación.

Shock anafiláctico o alérgico. Aparición violenta de síntomas después de la inyección de un antígeno o sustancia que produzca la aparición de anticuerpos, o de reacciones de hipersensiblidad inmunológica.

Subrogado. Sustituto de inferior categoría, aunque no necesariamente menos eficaz.

Sucusión. Término de la homeopatía que significa "golpear suavemente en la palma de la mano".

Sulfamida. Antibiótico bactericida, derivado de la sulfanilamida, eficaz contra las bacterias esféricas o "cocos".

Triglicérido o grasa neutra. Sustancia orgánica formada de glicerina y hasta tres ácidos grasos. Forma las grasas comestibles.

Urticaria. Reacción alérgica apreciable en la piel.

9 789686 849370